UN GRAN INSPIRADOR DE CERVANTES

UN GRAN INSPIRADOR

DE

CERVANTES

EL DOCTOR JUAN HUARTE

Y SU

EXAMEN DE INGENIOS

POR

RAFAEL SALILLAS

MADRID
IMPRENTA Á CARGO DE EDUARDO ARIAS
San Lorenzo, núm. 5, bajo.

1905

© de la presente edición
  del 2024:

Editorial MAXTOR
  Fray Luis de León, 20
  47002 Valladolid (España)
  +34 983 090 110
  pedidos@maxtor.es
  www.maxtor.es

I.S.B.N. 978-84-1171-041-1
depósito legal: DL VA 175-2024

AL COLEGIO DE MÉDICOS DE MADRID

en la persona de su ilustre Presidente

D. JULIÁN CALLEJA

A su iniciativa se debe la labor de este pequeño libro, que reverdece la gloria del insigne médico español,

EL Dr. JUAN HUARTE

ADVERTENCIA

En Junio de 1899, expuse una presunción, que de tiempo antes tenía, referente á que el título de *Ingenioso* que Cervantes da á su *Hidalgo Don Quijote de la Mancha*, era una derivación de las doctrinas del *Examen de Ingenios* del Dr. Juan Huarte. (Véase en *La España Moderna* de ese mes y año, mi artículo *La parentela de Velázquez.*)

Mis muchas ocupaciones no me permitieron volver sobre ese asunto, hasta que en la reunión á que fuí invitado (22 de Diciembre último), celebrada en la Presidencia del Colegio de Médicos de Madrid, se nos consultó á los asistentes acerca de la participación que la clase médica había de tomar en el Centenario del *Quijote*.

La participación más justificada, consistía en demostrar lo que hacía más de cuatro años insinué, y así lo expuse.

Poco tiempo quedaba para una investigación tan escrupulosa como el asunto merecía; pero me comprometí á hacerla, dedicándole todo mi tiempo libre de ocupaciones, y la he realizado con fortuna.

Con tanta, que me ha obligado á variar de propósitos.

El trabajo á que me comprometí era un discurso de quince á veinte minutos de lectura, compatible, por la distribución del tiempo, con otros discursos que habían de durar otro tanto. El trabajo que me resultó duraría, por lo menos, el tiempo equitativamente distribuído entre todos.

Además, al terminar mi investigación, las presunciones eran hechos probados. Ya no cabe duda, no solamente acerca de que el calificativo de *Ingenioso* es un transporte del *Examen de Ingenios,* sino de la influencia poderosa y decisiva que este libro ejerce en el verdadero núcleo de la gran obra de Cervantes, y cuando se puede proclamar con evidentes testimonios que el autor del *Examen de Ingenios* es EL GRAN INSPIRADOR de el autor de *El Ingenioso Hidalgo,* es evidente — y me refiero á la consulta que en la reunión del Colegio de Médicos se nos hizo — que la clase médica, no solamente puede tener muy justificado puesto en la celebración del Centenario del *Quijote,* sino que se puede llamar á la parte haciendo destacar la gloria de uno de los más insignes médicos españoles y proclamarla en el momento en que se descubren los destellos de su inspiración en la grande obra de nuestra literatura nacional.

Por eso hago preceder mi investigación probatoria al discurso á que me comprometí, y este discurso se encaminará, concisa y brevemente, partiendo de las afirmativas que de este libro se deducen, á invitar á la clase médica á rendir el debido homenaje y á restaurar la gloriosa memoria del autor del *Examen de Ingenios.*

Madrid, 8 de Abril de 1905.

*El Ingenioso Hidalgo Don Qui-
jote de la Mancha* y el *Examen
de Ingenios* del Dr. Juan Huarte.

Con la gran autoridad del insigne maestro y orientador de nuestra crítica literaria, D. Marcelino Menéndez y Pelayo, puede afirmarse que en el transcurso de tres siglos y con el considerable material acumulado por la diligencia de la celosa y entusiasta falange cervantista, no se ha logrado inaugurar "la era científica y positiva en el conocimiento é interpretación de la obra de Cervantes" (1).

Hay dos influencias perfectamente señaladas y estudiadas, la de los ciclos caballerescos (2) y la de la novela bucólica proviniente de Sannazaro, Montemayor y Gil Polo.

_____

(1) *Interpretaciones del Quijote*. Discursos leídos ante la Real Academia Española en la recepción pública del Excmo. Señor D. José María Asensio y Toledo el 29 de Mayo de 1904, pág. 32.

(2) Los estudios más sintéticos y precisos son el citado de Menéndez y Pelayo y el de D. Juan Valera, *Disertaciones y juicios literarios. (Colección de escritores castellanos*. Madrid, 1890, páginas 19 y siguientes.)

El cervantismo simbólico todavía persiste en suponer que Cervantes "compuso ó elaboró á Don Quijote por el procedimiento frío y mecánico de la alegoría„ (1). Es una tendencia llamada alquimia (2) por Menéndez y Pelayo, pero tan aferrada á una sola particularidad, que está por hacer el análisis de en qué grado y de qué manera el símbolo, propiamente dicho, é inequívocamente manifiesto, es un factor, no en el Quijote únicamente, sino en toda la obra literaria de Cervantes.

La poquedad del cervantismo ponderativo, que ha hecho de Cervantes un variado especialista (3), resulta expresada al poder decir que con tantos estudios fraccionales no se ha acertado á refundirlos sintéticamente para esclarecer la insigne personalidad que conmemoran.

Por último, el cervantismo estético se halla exento de responsabilidad, porque no se refiere á lo que quiso hacer Cervantes, penetrando en la intimidad de su pensamiento, sino á lo que le resultó, conforme á la preceptiva, en parte metafísica y en parte psicológica, de lo inconsciente (4).

---

(1) Menéndez y Pelayo, loc. cit., pág. 40.

(2) Loc. cit., pág. 32.

(3) «..... que en Cervantes estaban comprendidas todas las ciencias, todas las humanidades y toda la filosofía». (Valera, loc. cit., pág. 13.)

(4) «El Quijote que no pensó, ni presintió, ni quiso escribir Cervantes, pero que conoce la crítica de nuestros días, el *Quijote*

Ninguna de estas orientaciones es recomendable al investigador que se proponga reconstruir la personalidad del "Cervantes desfigurado y disfrazado„ á que se refiere Valera (1) y penetrar en el secreto de la sorprendente concepción que constituye la más imperecedera gloria literaria del genio nacional. Unas pecan de extravío, aunque aciertan en los pormenores y aportan materiales útiles; otras constituyen simples curiosidades sin aplicación ni transcendencia; las de mejor rumbo, no son confluentes y no tienen salida y en las más completas se descubren graves omisiones é inexplicables olvidos.

Indicaremos los más grandes.

Dice el holandés F. de Haan (2): ."Una de las mayores glorias literarias de España, y acaso, ó sin acaso, la más duradera, es la de haber hallado con la novela la verdadera forma de la epopeya de la vida humana (3). Si es lícito juzgar del valor de las

---

eterno, es una altísima y profunda concepción que retrata la oposición eterna entre lo ideal y lo real.» *(Obras de D. Manuel de la Revilla.* Madrid, 1883. *La interpretación simbólica del «Quijote»,* pág. 369.)

(1) Loc. cit., pág. 14.

(2) F. de Haan, profesor de lengua y literatura españolas, en Bryn Mawr College (Pensylvania). *Pícaros y Ganapanes* (en el *Homenaje á Menéndez y Pelayo,* tomo II, pág. 149. Madrid, 1899).

(3) «..... como se abrió en el *Quijote,* el camino de la buena novela, que es la epopeya de la moderna civilización, el libro popular de nuestros días». (Valera. loc. cit., pág. 34.)

«..... y no sólo llegó á ser la representación total y armónica de la vida nacional en su momento de mayor apogeo é inminente

obras por la influencia que hayan ejercido sobre la literatura del mundo, ya que de las españolas sólo la *novela ha dejado una huella imborrable*, á ella corresponde el puesto preferente en la historia de la literatura española.

"Y en diciendo novela, no se debe pensar, en primer lugar, en la inimitada é inimitable obra de Cervantes, sino en la novela picaresca, que también "se engendró en una cárcel, donde toda incomodidad tiene su asiento, y donde todo triste ruido hace su habitación,,, como que se inspiró en la miseria y el desengaño de la realidad de la vida.,,

Pues bien, la novela picaresca está omitida en absoluto (1) por los cervantistas españoles, sin excluir á los más perspicaces y entonados, y esta preterición inconcebible, es suficiente para poder declarar en ellos un tal estado de ceguera literaria que

_____

decadencia, sino la epopeya cómica del género humano, el breviario eterno de la risa y de la sensatez». (Menéndez y Pelayo, loc. cit., pág. 40.)

(1)   En Revilla aparecen estos dos atisvos:

«Por consiguiente, si Cervantes fué alguna vez idealista, de fijo no lo era cuando concibió el *Quijote;* antes, aleccionado por la experiencia, parecíanle ridículas las ilusiones vanas que engañan y extravían á los hombres». (Loc. cit., pág. 375.)

«El hábil pintor de las costumbres de rufianes, daifas, galeotes y demás cofrades de la Germania y devotos de la penchicarda, el autor regocijado de *El coloquio de los perros, La tía fingida* y *Rinconete y Cortadillo,* si algo tuvo de Quijote en su juventud, llegado á la edad madura tenía más puntos de contacto con Sancho Panza, con Ginés de Pasamonte y con el bachiller Sansón Carrasco, que con el hidalgo de la Mancha». (Loc. cit., pág. 376.)

los tenía que incapacitar necesariamente para seguir los pasos al desenvolvimiento evolutivo de Cervantes y conocer los más señalados influjos que produjeron en su mente la creación, el engendramiento de la gran figura, de la grande obra que le dió el señorío de las letras y la fama imperecedera de su nombre.

Así como en la *Biblioteca de autores españoles*, que no obedece ni pudo obedecer cuando se hizo á un orden serial, Cervantes con sus obras ocupa, por merecido honor, el primer puesto, el primer tomo, lo que no impide el ordenamiento de materias, que el historiógrafo pueda hacer, ni dificulta, aunque no la facilite, la tarea del investigador, cuando se propone colocar las cosas adecuadamente orientando sus propósitos, los fervientes y en ocasiones idólatras cervantistas, infinitamente más extremosos en su adoración, y como si el rendir culto exigiera el aislamiento de la divinidad, no contentándose con conceder la primacía, con señalar el puesto cultimante, ensalzaron al genio secuestrándolo casi por completo de sus progenitores, de su parentela y de su ambiente.

Y esto no puede hacerse: el culto de la verdad lo veda. A Cervantes hay que estudiarlo como se estudia todo lo natural: en su origen, en sus influjos, en sus transformaciones y acomodos, en las condicionalidades y en las resultancias. La obra, aunque emane del genio, hay que estudiarla también con la propia precéptica, porque, como nos enseña Huarte, "el entendimiento es potencia generativa, y que se empreña y pare, y que tiene hijos y nietos, y aun también partera, dice Platón, que la ayuda á parir„ (1), y estudiando la obra de Cervantes, en el orden en que se manifestó, primero la fase poética; después la *Galatea;* seguidamente las producciones escénicas de la primera época; en el largo interregno de aquí al *Quijote,* algunas de las novelas ejemplares y algunos entremeses; luego la obra culminante, y como retorno otras novelas ejemplares, entremeses y comedias, el *Viaje al Parnaso* y el *Persiles y Segismunda,* se ve, sin esfuerzo alguno, con toda franqueza, evidentemente, que Cervantes al escribir el *Quijote* no es el mismo que fué, es muy otro en tendencias, en estilo, en la manera de ver las cosas y de manifestarlas, y como tiene lo que no tenía antes, la cópula engendradora de esa maravilla, acusa otra acometividad varonil, la penetración prolífica de otro influjo, de otro medio.

Caso es éste de mucha consideración y estudio, porque nos viene á demostrar con abundantes pruebas, que en lo limitado de esta información no tienen cabida, que es grave error el individualizar, el per-

---

(1) *Examen de Ingenios,* por el Dr. Juan Huarte de San Juan. *Biblioteca de autores españoles,* tomo LXV, pág. 409, col. 1.ª Madrid, 1873.

sonalizar cierta clase de obras atribuyendo á la so-
beranía de la mente lo que no hay mente humana
que pueda concebir con sus solos recursos, por muy
soberana que sea, y si como principio general y como
afirmación de su doctrina de las destemplanzas, dice
Huarte "que cada ciencia se inventó en la región
destemplada que le cupo, acomodada á su inven-
ción„ (1), como caso particular es sostenible que si
Cervantes no hubiese experimentado, al cambiar los
derroteros de su vida y al decaer de sus esperanzas
é ilusiones, el influjo de la vida picaresca, largamen-
te experimentado durante su moratoria en el suelo
andaluz, sobre todo en Sevilla, la copulación, la ges-
tación y el parto del *Quijote* no sería un hecho, porque el *Quijote* no es hijo en serie lineal de las tendencias poéticas, caballerescas y amatorias que á
Cervantes distinguen en su primitiva y más acentuada manera de ser, sino del sacudimiento que la
picaresca le produce para hacerle ver las cosas de
otro modo y reflejarlas y expresarlas conforme á la
realidad de la vida. Cervantes no se transforma á sí
mismo, lo transforma el medio, y como prueba con-
cluyente baste decir que termina como empezó, que
en su vejez retorna á sus andares y escribe un libro
de Caballerías, *Los trabajos de Persiles y Segismunda*,
pudiendo decir con razón Valera que á pesar de ha-

(1) Loc. cit., pág. 408.

berse burlado de lo épico, "Cervantes se muestra
siempre enamorado de lo novelesco y lo trágico„ (1).

Si el *Quijote* se puede comprender, como algunos
lo hacen, en el ciclo de los libros de Caballerías (2),
su catalogación ha de ser doble, pues tiene su lugar
preeminente, sublimado, con las dos obras singulares
y caracterizadas que le abren camino, en el cielo de
los libros picarescos. Su tendencia crítica y de finalidades sociales no es propia suya, sino nueva parti-
cularización de la tendencia que en *El Lazarillo de
Tormes* toma como asunto el hambre nacional y los
humos de hidalguía, y en la *Vida y aventuras de Guzmán de Alfarache* las diversas manifestaciones del
engaño, sacándolas á la vergüenza con la finalidad
de hacer un hombre perfecto (3). Esta tendencia se
señala posteriormente en *Las Jácaras* de Calderón
para combatir los apasionamientos por la literatura
y la música jacarandosa (4), y al mismo influjo se

---

(1)   Loc. cit., pág. 68.

(2)   «Fué de este modo el *Quijote* el último de los libros de caballerías, el definitivo y perfecto, el que concentró en un foco
luminoso la materia poética difusa, á la vez que elevando los casos de la vida familiar á la dignidad de la epopeya, dió el primero
y no superado modelo de la novela realista moderna.» (Menéndez
y Pelayo, lóc. cit., pág. 34.)

(3)   «..... mas como el fin que llevo es fabricar un hombre perfecto, siempre que hallo piedras para el edificio las voy amonto-
nando.» *(Guzmán de Alfarache*, en la *Biblioteca de Autores españoles*, tomo III, pág. 280, col. 2.ª)

(4)   El asunto es que un *Vejete*, tutor de *Zarpa*, quiere curar
la *locura* de ésta, ó su apasionamiento por este género de roman-

debe atribuir el aspecto francamente pedagógico de una buena parte del *Escudero Marcos de Obregón*. Para que no quedase ningún aspecto de la vida nacional sin su correspondiente censura literaria, en el siglo XVIII escribe Afán de Ribera su *Virtud al uso y mística á la moda* (1).

ces y de música. La compañía de comediantes se compromete á hacer el milagro, y cuando Zarpa canta y alude á un personaje truanesco, éste se presenta figurado por uno de los cómicos.

El texto es bien significativo:

> GRACIOSO. Su enfermedad, ¿no es más que esta locura?
> VEJETE. ¿No es harta?
> GRACIOSO.　　　　No, para tan grande cura.
> VEJETE. ¿Cómo no, si la tema en que ahora ha dado
> Es en cantar con grande desenfado
> Jácaras noche y día?
> En Castilla no hay ni Andalucía,
> Ni mujer libre, ni rufián valiente,
> Cuya vida en tonada diferente
> No cante.

Cuando ya creen que la cura se ha realizado por el miedo producido en Zarpa al aparecer los personajes que nombra, la desengañan y ella dice:

> ZARPA. ¿No son visiones?
> TODOS.　　　　No.
> ZARPA.　　　　　　Pues
> A mis jácaras me vuelvo.

(Comedias de Calderón, tomo IV, páginas 626 y 629. *Biblioteca de Autores españoles*, tomo XIV).

(1) En la dedicatoria llama á este libro «Destierro de la hipocresía, en frase de exhortación á ella», y para que su intención satírica y su finalidad remediadora de un mal público se vea con toda sinceridad, basta la siguiente apelación al influjo causado

A Cervantes le correspondía por su mismo modo
de ser, sus antecedentes, historia, aficiones y apasionamientos, ver en su punto lo que con acritud, en un
artículo de la *Revue Philosophique* (1) referente á la
filosofía española, conceptuó J. M. Guardia nuestra
locura nacional, temiendo que al delirio febril suce-
diera el delirio sin fiebre y hablando de las concep-
ciones delirantes que bajo las más diversas formas
han conducido á España á dos dedos de la demencia.

Este asunto, sumamente interesante, se puede
examinar, sin recurrir á la psiquiatria, en la evolución de un género literario ligado en todo momento
á las vicisitudes de nuestra misma historia nacional.

Nuestra poesía épica, en el período de su genui-
na manifestación, corresponde al vigor corporal y á
la sanidad espiritual del pueblo. "Es — como dice

---

por la obra de Cervantes y que él se propone conseguir de igual
modo aunque con diferente objeto:

«Entre si escribo ó no escribo se me acordó una noticia que oí
á mi abuela, y fué que en sus tiempos estaban tan validos los libros de caballerías, que eran el único y total embeleso de las
gentes; y para su destierro los señores obispos tomaron diferentes
providencias, ya enviando misiones, ya expidiendo cartas pasto-
rales; pero nada aprovechó, hasta que Cervantes tomó la pluma
y escribió los libros de *Don Quijote*, ¡cosa rara, que lo que no
pudo conseguir la desnuda verdad, voceada de los prelados y
ministros eclesiásticos, fué reservado triunfo á la débil armadura
y esfuerzo de una ingeniosa ficción!»

(Virtud al uso y mística á la moda. Prólogo, pág. 436. En la
Biblioteca de Autores españoles, tomo XXXIII).

(1) J. M. Guardia. *Histoire de la Philosophie en Espagne*. En
la *Revue Philosophique*, tomo XXIX, pág. 473, 1890.

Menéndez y Pelayo — la poesía de la voluntad enérgica y libre, y compensa en fuerza lo que le falta en gracia„ (1). La conceptúa "limpia de toda aspiración quimérica, sumamente parca en el empleo de lo maravilloso, ingénua y ruda en los afectos„ (2). No incurre en exageraciones ponderativas, ni adula á sus héroes exagerando la grandeza de sus hechos. "Las hazañas que la musa popular les atribuye son poco más ó menos las mismas que ejecutaron en el mundo„ (3). Vive en la realidad histórica, únicamente para señalarla, porque "en Castilla la poesía épica es una forma de la historia y la historia una prolongación de la epopeya„ (4). Por este carácter y esta manera de exteriorización "era, en verdad, la poesía del pueblo, porque era la poesía de todos, y no había quien dejase de colaborar en ella como autor, como oyente ó como recitante„ (5); y de un pueblo digno de esa poesía, como Menéndez y Pelayo lo refrenda cuando dice que á la mayor parte de los poemas heróicos los "supera el *Mio Cid* en humanidad de sentimiento y de costumbres, en dignidad moral y hasta en cierta delicadeza afectuosa que se siente más bien que se

---

(1) Marcelino Menéndez y Pelayo. *Biblioteca clásica*, tomo CCXIII. *Antología de Poetas líricos castellanos* (tomo XI). *Tratado de los Romances viejos*, tomo I, pág. 78. Madrid, 1903.

(2) Ibid.

(3) Ibid, pág. 77.

(4) Ibid, pág. 78.

(5) Ibid, pág. 17.

explica con palabras y que suele ser patrimonio de los hombres fuertes y de las razas sanas„ (1).

Del siglo XII, que es el siglo de oro de nuestra poesía histórica (2), y que en ella ha dejado su patente de sanidad, puede decirse "que estaba dotado de un buen sentido admirable„ (3), que cantó la "realidad contemporánea„ (4) sin valerse de ningún "artificio y combinación arbitraria de la fantasía„ (5) y que desconoció "la bárbara hipérbole, que es característica de las epopeyas decadentes„ (6).

Pero la degeneración literaria sobrevino ya en el siglo XIV y continuó después de diferentes modos, hasta alcanzar un máximo, y así como en la época anterior la sanidad del pueblo se conoce en el vigor de sus poemas, el proceso degenerativo nacional se corresponde con el proceso degenerativo literario, siendo absolutamente cierto que "la decadencia del sentido moral acompaña á la del sentido estético„ (7). Lo verdaderamente nacional empezó á disgregarse á influjo del agotamiento que permitió ingerencias extrañas y adulteradoras. Primeramente "los trovadores provenzales infundieron en la poesía

---

(1) Ibid, pág. 316.
(2) Ibid, pág. 201.
(3) Ibíd, pág. 140.
(4) Ibid, pág. 45.
(5) Ibid, pág. 312.
(6) Ibíb, pág. 209.
(7) Ibid, pág. 158.

lírica de España sus discreteos, su metafísica de amor, su escolasticismo cortesano y su *sensiblería* ergotista„ (1). Más tarde, "con atraso, respecto al movimiento general del mundo„ (2), nos invade la "desacreditada familia de los libros de caballerías„ (3), *no contentándose el ingenio español con reproducir bajo otra forma la belleza de aquellas fábulas, sino proponiéndose superarlas* (4), y de esta manera, copiándose unos á otros los autores, se suceden las imitaciones más ó menos degeneradas del ciclo bretón (5) y los héroes falsos, cuya "actividad se ejercita ó más bien se consume y disipa entre las quimeras de un sueño„ (6), "se atrevieron á competir con los héroes nacionales y tal vez á eclipsarlos„ (7), con aquellos héroes que, "sin dejar de ser extraordinarios é ideales, tienen por raíz exacta la verdad„ habiendo "en ellos algo de macizo, de verdaderamente humano, de real, que no hay en los héroes de las leyendas del resto de Europa„ (8).

He aquí señalada la gran fase degenerativa. Es-

---

(1) Valera, loc. cit., pág. 30.
(2) Ibid.
(3) Menéndez y Pelayo, loc. cit., pág. 170.
(4) Valera, ibid.
(5) Menéndez y Pelayo, *Interpretaciones del Quijote,* loc. cit., pág. 36.
(6) Ibid, pág. 37.
(7) Valera, loc. cit., pág. 25.
(8) Ibid, pág. 28.

paña había sido grande realizando la epopeya nacional en la integración del territorio. España había sido grande extendiéndose y realizando la hegemonía política en Europa. España había sido grande rebasando los límites del *Non plus ultra*, dilatando la geografía y abriendo á la colonización, á la civilización y al comercio mundos ignorados. En esta serie de magnificaciones lo real toca, por lo desmedido de la empresa, en lo fabuloso (1), y en tal situación, el país consumido, agotado por la magnitud del esfuerzo, pero grande, inmensamente grande por sus memorias, por sus intenciones y también por lo poseído, cuando empieza á desfallecer, todo su vigor muscular y volitivo se transporta á la fantasía y ad-

---

(1)   Este sentido se manifiesta evidentemente en Espinel en algunas declaraciones hechas en el prólogo de *El Escudero*, bastando con referirse á las siguientes: ..... «digo que yo he alcanzado la monarquía de España tan llena y abundante de gallardos espíritus en armas y letras, que no creo que la Romana los tuvo mayores, y me arrojo á decir que ni tantos ni tan grandes. Y no quiero tratar de las cosas que los españoles han hecho en Flandes tan superiores á las antiguas, como escribió Luis de Cabrera en su *Perfecto Príncipe*, sino de lo que nuestros ojos han visto cada día, y nuestras manos han tocado, como los que hizo don Pedro Enríquez, conde de Fuentes, con tan increíble ánimo; la toma y saco de Amiens, que escribió en sus *Comentarios* don Diego de Villalobos, donde fué valeroso capitán de lanzas é infantería, que con un carro de heno y un costal de nueces, seis capitanes tomaron una ciudad tan grande, plataforma y amparo de toda Francia.»

(Vicente Espinel: *Vida del Escudero Marcos de Obregón.* Prólogo 3.º, Biblioteca *Arte y Letras,* Barcelona, 1881.)

mite los sueños más desatentados y las más descabelladas hipérboles como realidades, se apasiona,
con pasión popular por los libros de caballerías y se
vuelve loco con un género de locura muy semejante,
idéntico, al de la caracterizada en Don Quijote, pudiéndose decir que de igual manera que el autor del
Lazarillo de Tormes vió la miseria nacional y los
humos de hidalguía y le sirvió de asunto para su novela, y el autor de *Guzmán de Alfarache*, vió también
todas las prácticas del engaño en nuestras costumbres y en algo de las costumbres europeas y las re-
veló y las consideró filosóficamente, Cervantes, el
tercero y el más genial de esta serie de contempla-
dores, impresionados vivamente por el medio en que
vivían, vió primeramente á Don Quijote de la Mancha, no en una individualidad, sino en un todo, en la
locura colectiva del pueblo español, que quería hacer aún más de lo que hizo, pero que ya lo hacía de-
lirando.

Sin embargo, no basta ver, es necesario sentir, y
con sentimiento de tal índole, que al surgir la revelación la fije y la moldee de manera que sea viva
para todos, y esto no lo pueden lograr los espíritus
enamorados y apasionados, como lo era Cervantes,
sin que su personalidad experimente un cambio
brusco, un cambio de frente, para hallarse propicio á
contemplar en parodia lo que se miró con delecta-
ción y respeto, y sentir con el nuevo influjo lo que

llama Menéndez y Pelayo la «influencia benéfica y purificadora de la risa„ (1).

La serie de esta transformación la precisa Valera en los siguientes enunciados: "En ningún pueblo echó tan hondas raíces como en el español el espíritu caballeresco de la Edad Media; en ningún pecho más que en el de Cervantes se infundió y ardió ese espíritu con más poderosa llamarada: nadie tampoco se burló de él más despiadadamente„ (2).

Admitir que por tendencia natural, por desarrollo consecuente á la mutación de los años, ya que es sabido que la tragedia es resultado de inspiraciones juveniles y la comedia producto de la edad sazonada y reflexiva, se apagó ó se amortiguó en Cervantes la viva llamarada del espíritu caballeresco, surgiendo espontáneamente de la frialdad la despiadada burla, sería no conocer á Cervantes ni tener en cuenta el arraigo de los caracteres y la tenacidad de las inclinaciones.

Cervantes se distingue por una bondad ingénita y por una ingenuidad verdaderamente bonachona. No tenía malicia y la que adquirió fué de efectos transitorios y valedera únicamente para producir las transformaciones de que su genio era susceptible. Cervantes se muestra siempre enamorado de lo que

---

(1) *Interpretación del Quijote*, loc. cit., pág. 39.
(2) Loc. cit., pág. 22.

siempre amó, y por ello en el *Quijote* supo concentrar "en un foco luminoso la materia poética difusa,„ y aunque su libro vaya contra los libros de caballerías "está animado del espíritu caballeresco„ (1). El influjo picaresco no es otra cosa en él que un reactivo, no un disolvente de su personalidad, dejando incólumes todas sus delicadezas amatorias y poéticas. Lo prueba el "humorismo sin hiel„ (2), de que nos habla Menéndez y Pelayo y la consideración que hace Valera al advertir que escribiendo el *Quijote* "viejo, pobre y lleno de desengaños, pasma la falta de amargura y de misantropía que se nota en su sátira„ (3).

Esto indica que en su carácter ingenuo y bondadoso y en su temperamento apasionado y poético, aunque hubiera sensibilidad para ciertos estímulos, experimentando las obligadas contracciones, no había retentiva, volviendo prontamente á la laxitud y á la placidez; y siendo así, es afirmable que lo que no está arraigadamente en el interior de una persona, está condensadamente en el medio, y esta condensación es la que causa efecto poderoso, súbito, para producir en un momento dado la revelación genial.

He aquí señaladamente otro nuevo influjo en la

---

(1) Valera, loc. cit., pág. 38.
(2) Loc. cit., pág. 39.
(3) Ibid.

genealogía psico-sociológica del *Quijote*, que nos permitirá con breves consideraciones respecto á otra modalidad degenerativa de la epopeya, la afirmación de que, si Cervantes vió la locura de su héroe en los delirios nacionales, vió también la sátira caballeresca representada efectivamente en la realidad.

La epopeya no degenera solamente en la lírica discreteadora, sensiblera y cortesana, acusa también una degeneración de más bajo vuelo, pero grandemente útil, ya que por su influjo nos aproximemos á la contemplación y al estudio de la realidad que en la novela picaresca se produce. Al dejar el puro y fortalecedor escenario del pueblo, la epopeya decadente penetra en los palacios, pero con el pueblo se quedan sus juglares que lo solazan, lo cautivan é influyen en el mantenimiento de sus tradiciones y quimeras y en la renovación de sus héroes y personajes preferidos. El *Mio Cid* del pueblo, se transformó en el siglo XVIII en el guapo Francisco Esteban, un contrabandista, y en el XIX en el Tempranillo, el bandido generoso y popular. Todavía existen preferencias más ruines, porque esos dos héroes populalares tienen su significación caracterizada en los tránsitos y desenvolvimientos del estado social de Andalucía, en las reacciones y protestas contra el fisco y en las reacciones y satisfacciones del miserable contra el pudiente. Los héroes de la Jácara, que seguramente tuvieron su primer incentivo en la juglaría provenzal (1), eran de la estirpe de aquel rey Arlot, del burdel valenciano, cuyo innoble oficio fué revocado por Don Pedro IV de Aragón en 6 de Marzo de 1337 (2). En el rufián lo característico es la inversión del honor caballeresco, conservando la idea del honor para hacerla acomodaticia á sus fines y manera de ser (3), y esto lo utilizó la jácara para dar estilo á un género literario que es á su tiempo la afectación más soez y donosísima de la literatura caballeresca y la parodia más afrentosa de lo épico al resbalar á lo más hondo y enlodado de su degeneración. En muchas jácaras, en muchos romances de Germania, es precisable la afectación caballeresca, pero sobre todo en *La Venganza de Cantarote* (4), con mo-

---

(1) «El juglar provenzal, si era poeta, solía serlo de especie inferior y algo tabernaria, como aquel Guillem Figuera, de quien dice su biógrafo que *no fo homs que saubés caber entre ls barons ni la bona gen;* mas mont *se fer grazir als arlots...... et als hostes taverniers* (Menéndez y Pelayo, *Romances viejos,* loc. cit., pág. 21).

(2) Manuel Carboneres: *Picaronas y alcahuetes ó la mancebía en Valencia,* pág. 134, Valencia, 1876. El rey Arlot «no era otra cosa que una especie de jefe caporal ó director, que las presidía (á las prostitutas) y las acompañaba cuando en comunidad salían, bien fueran á las iglesias á ver procesiones ó á funciones públicas», pag. 19. En una palabra, era el rufián mayor del burdel y representación encumbrada de la clase rufianesca.

(3) En mi libro *Hampa,* pág. 348, puede verse el estudio de la inversión de los sentimientos como característica y propia de la asociación delincuente, atenida á sus fines, como la sociedad honrada á los suyos.

(4) Juan Hidalgo: *Romances de Germania ,* pág. 73, Madrid, Antonio de Sancha, M.D.CC. LXXIX.

tivaciones, fines y donaires suficientes para que el
apasionado por el sentimiento caballeresco vea en la
crisis del ridículo su ideal. Y Cervantes lo vió, no en
la jácara conocida por él y sonada muchas veces en
su oído y reflejada de diferentes modos en algunas de
sus obras (1), sino en dos de los grandes escenarios
de la caballería hampesca, centro de los brabucones
y valientes: el Corral de los Olmos (2) y la famosa

---

(1) Hay dos obras escénicas de Cervantes que deben su inspiración á la Jácara: *Pedro de Urdemalas* y *El Rufián dichoso*.
El primero cuenta su historia enteramente á la manera de un ro-
mance de Germanía. El tipo del rufián es un desprendimiento de
la Jácara y á este influjo obedece. Es también una obra de origen
jácaro con todas sus reminiscencias. Hay en él una alusión y una
manifestación de la Jácara:

> «Es un romance jácaro,
> Que le igualo y le comparo
> Al mejor que se ha compuesto,
> Echa de la hampa el resto
> En estilo jaco y raro.»

(Biblioteca clásica, tomo II, pág. 230, Madrid, 1896).

> «A la jácara toquen.»—(Ibid., 242.)

También hay reminiscencias en *La Gran Sultana*:

> « Con letras como de estampa
> Una materia le haré,
> A donde á entender le dé,
> La famosa de la hampa.»—(Ibid., pág. 373.)

(2) Lo cita en *El Rufián dichoso:*

> «Del gran corral de los Olmos
> Do está la jacarandina.»—(Ibid., 231.)

> «El corral de los olmos le da parias.»—(Ibid., 241.)

cárcel de Sevilla (1). En ésta, los *valientes*, no solamente gozaban de preeminencia y jurisdicción, sino
que se distinguían por su traje, por sus distintivos—
entre ellos un tatuaje que puede ser equivalente al
tatuaje heráldico de que nos hablan las Partidas (2)—

---

(1) El tipo matonesco, tal y como se manifiesta en este nuestro
país, propenso á los «humos de hidalguía», es una afectación caballeresca, con sentimientos invertidos.

En la cárcel de Sevilla este tipo tiene su jurisdicción ostentosa
y es mencionado en la *Relación de la cárcel de Sevilla* de Cristóbal de Chaves (*Ensayo de una Biblioteca de libros raros y
curiosos* de Gallardo, Zarco del Valle y Rayon, t. I, pág. 1342, y
siguientes) con el calificativo de *valiente*. Es un rufián; domina
á la mujer, dándole el nombre de *tributo;* la ampara en el comercio de la prostitución; tiene su escudero, que se llama *trainel.*

He aquí el retrato que hace Chaves: «Son conocidos los *valientes* de la cárcel en el calzón y media gualdada ó de otro color, con liga de lo propio, jubón acuchillado, abierto el cuello,
rodeado con un rosario grueso y tocador en la cabeza; y siempre
tiene punzado un corazón de cardenillo en la mano ó en el brazo,
como letras de esclavo herrado, ó número de fardo ú otra merca-
dería, en que se echa de ver que es hacienda de Satanás; y un
cuchillo de cabos amarillos en la calza, y unas cuentas de ambar
en los pulsos ó en la garganta.» (1356.)

(2) En mi estudio *El corazón en el tatuaje (La nueva Ciencia
Jurídica,* t. I, pág. 165 y siguientes, Madrid, 1892), se diferencia
el corazón lacerado con flechas ó espadas y el no lacerado, per-
teneciendo aquél al simbolismo amatorio y éste á la valentía.
«En la época en que el Licenciado Chaves escribió, es de suponer
que no existía otra forma de tatuaje, porque éste va íntimamente
unido á una cualidad tan dominadora y autoritaria en la vida de
las cárceles como la valentía. Este tatuaje es una manifestación
de *heráldica criminal* con todas las excepciones, privilegios é
inmunidades de un título.» (Pág 167.)

Puede tener una cierta analogía con el tatuaje caballeresco de
que hablan las Partidas, Ley XXI, Tít. XXI de la Partida II, que
trata de *Qué cosas son tenudos los caualleros de guardar,* y

por sus maneras, por los modos de matarse y también
por los de morir (1), y por un conjunto de singularidades que constituían en la realidad palpitante la
manifestación en personas y hechos de la degeneración caballeresca; á lo que únicamente puede obedecer que el *Quijote* se engendrara en una cárcel, en la
cárcel en que tuvo franca y escandalosa exteriorización ese hecho literario é histórico, porque no se puede señalar ningún otro género de cópula que justi-
fique un cambio radical en el sentir, en el proceder
y en el manifestarse de un autor, cuyos sentimientos
y cuyas propensiones literarias se habían señalado

---

después de enumerar estas cosas, añade: «E porque fuessen tenudos de guardar esto, e non errar en ello en ninguna manera,
fazianles antiguamente dos cosas. La vna, que los señalauan en
los braços diestros con fierros calientes de señal, *que ningund
otro ome non lo auia de traer si non ellos.*»

Otra afectación caballeresca mencionada por Chaves es la siguiente: «Y ha habido hombre de estos que ha hecho blanquear
su rancho y pintar un Cristo en él, y él de rodillas á los pies con
la memoria de que él lo hace pintar.» (1356.)

(1) «Es mucho de ver—dice Chaves—cuando ha de morir algún valiente, que cada uno de los valientes envía á la ropería
por lutos alquilados, y vienen en procesión cantando las letanías
con su música y cera.» (1346.)

Añade en otro sitio, que «cuando van á morir les parece que
van de boda: porque con este modo de hablar tan sin pesadumbre,
sacan los abanicos hechos, otros se ponen los bigotes, otros se
componen y enderezan mucho de cuerpo haciendo de la gentileza.
Otros, como dicen, haciendo de las tripas corazón, muestran·lle-
var buen ánimo; y hacen demostraciones y visajes de bravos,
casi dando á entender que no sienten la muerte y que la tienen
en poco.» (1362.)

antes con firmeza y acentuación de un modo muy distinto.

Con ser muy señalado en la caracterización del *Quijote*, el proceso degenerativo que del estado de realidad, sanidad y vigor de la epopeya conduce al pueblo á la megalomanía más desapoderada en su apasionamiento por la literatura de la caballeresca fantástica, y con serlo también y concurrentemente la otra forma de degeneración que á los sentimientos caballerescos les da personalizaciones, tendencias y formas degradantes; y con haber estado una y otra cosa muy á la contemplación del príncipe de los ingenios, y en condiciones tales que lo tuvieron que impresionar persistentemente, no se explicaría con estos dos factores, absolutamente imprescindibles, el proceso de la creación genial que tiene como núcleo un loco y una forma de locura, consistiendo en esto para la moderna psiquiatria la mayor clarividencia del genio de Cervantes.

Cierto que los genios literarios en algunos casos se anticipan á los nuevos investigadores y se han señalado en este orden algunas singularidades antropológicas y psiquiátricas, en Shakespeare sobre todo. En Otelo y Yago, se caracteriza la sugestión; en el Rey Lear, la demencia senil; en Hamlet, la abulia neurasténica; en Ofelia, la manía aguda de tinte erótico; en Lady Macbeth, la melancolía con alucinaciones visuales.

Cervantes también acierta, no sólo en el *Quijote* y en *El Licenciado vidriera*, los dos de una familia, sino con más exclusiva, originalidad en el caso de auto-sugestión de la Camacha, en *El Diálogo de los perros*, y en el de sugestión colectiva de *El Retablo de Maravillas*.

Pero acierta á partir de un momento en su evolución literaria y no anteriormente. En la manera fundamental y primitiva de Cervantes no hay ninguna orientación psicológica. Es mucho más objetivo que subjetivo: es preferentemente objetivo; todo lo expresa aparatosamente y por exterioridades; se vale de analogías y comparaciones; es muy hiperbólico; no se preocupa grandemente de justificar las cosas, sino es á lo efectivista; no busca los desenvolvimientos naturales, sino los convencionales; acude con frecuencia á los contrastes y á los pareados de semejanza; no trata más que un asunto: el amor, los contrastes del amor y las placideces, recelos, contrariedades, mortificaciones, locuras y tragedias amorosas.

Lo que lo llevó á singularizarse sobre todos, lo adquiere influyéndole en mucho su relación con la novela picaresca, que es esencialmente psicológica, y que lo hizo novelador de esa manera, pues en sus novelas ejemplares se caracterizan las dos tendencias y frecuentemente se entrelazan, habiéndolas de influjo preferentemente caballeresco, como *El Amante liberal, Las dos doncellas, La señora Cornelia,*

La española inglesa, y en algún modo *La fuerza de la sangre*, y de influjo preferentemente picaresco algunas de un valor psicológico extraordinario, como *Rinconete y cortadillo*, *La ilustre fregona*, *Casamiento engañoso y coloquio de los perros*, *El Licenciado Vidriera*, *El Celoso extremeño*, *La Jitanilla* y *La tía fingida*. La misma agrupación puede hacerse de sus obras dramáticas, correspondiendo al primer influjo, al caballeresco, *Numancia*, *La casa de los celos*, *El Trato de Argel*, *Los baños de Argel*, *La Gran Sultana* y *El Gallardo español*, aunque en las tres últimas la picaresca esté en algunas ocasiones señalada (1). De

_____

(1)   En *El Gallardo Español,* el tipo de Buitrago es picaresco y de buen estilo. Se puede decir el mejor personaje de la obra. En *Los Baños de Argel ,* es picaresco el tipo del Sacristán. En *La Gran Sultana ,* el tipo picaresco más saliente y más versado en la picardía, es Madrigal. Sabe él:

> «La jerigonza de ciegos
> La vergamasca de Italia.»

Es inteligente en bailes:

> «Mil zarabandas ,
> Mil zambapalos , mil chaconas.»

_____

> «No hay mujer española que no salga
> Del vientre de su madre bailadora.»

_____

> «Y un Alonso Martínez, que Dios haya,
> Fué el primer inventor de aquesos bailes
> Que entretienen y alegran juntamente ,
> Mas que entretiene un entremés hambriento ,
> Ladrón ó apaleado.

caracterizado influjo picaresco son *Pedro de Urdema-las, El Rufian dichoso*, y en cierta manera *El Labe-rinto de amor* y *La entretenida*, que son comedias de intriga más que otra cosa. Sus once entremeses—*Los dos habladores, La elección de los alcaldes, La cár-cel de Sevilla* (1), *El Juez de los divorcios, El Retablo de Maravillas, El Hospital de los podridos, La cueva de Salamanca, El Rufian viudo, El Vizcaíno fingido, El Viejo celoso* y *La guarda cuidadosa*—son todos ellos de legítima cepa picaresca.

La crítica cervantina, tan parcial y tan frecuen-temente extraviada en sus orientaciones, no se ha preocupado poco ni mucho en señalar con el deteni-do estudio de la obra de Cervantes, lo que en ella definidamente pudo influir la novela picaresca; por ejemplo, la más inmediata para él, la de Mateo Ale-mán, señalando algunas concordancias de factura y expresión entre *Don Quijote* y *Guzmán de Alfarache*. Es este un estudio que se recomienda grandemente á la crítica positiva, pero que no lo puedo abordar en esta ocasión, porque el encargo con que la clase médica me distingue y me honra, ¡á mí que soy médi-co en desuso!, me impone, por amor á mi clase y á mi educación profesional, á la que debo los pasos en seguro que puedo haber dado en las empresas de mi

---

(1) Parece haberse averiguado que este entremés no es de Cervantes, sino de Cristóbal de Chaves.

vida, el deber de poner en claro otra gran preterición; de decir y de demostrar con los justificantes y
testimonio de un proceso crítico, que en la revelación
de la colosal figura literaria de *El Ingenioso Hidalgo*
influyó caracterizadamente con sus enseñanzas y
doctrinas, aquel insigne médico, el doctor Juan Huarte, que, como Cajal, visitó las aulas de la Universidad de Huesca; que ejerció la Medicina en Granada
en 1566; que combatió la peste en Baeza, por cuyos
meritísimos servicios le concedió aquella municipa-
lidad una pensión vitalicia; que escribió el *Examen
de ingenios,* "un libro capital en la historia de la
ciencia del hombre„ (1); que "es una gran figura entre los filósofos naturalistas á causa de la atrevida
novedad de sus puntos de vista originales y de la
excelencia de su método„; que ha tenido por admiradores á jueces competentes como Bayle, Bordeu,
Lessing„; que "dos siglos antes que Cabanís hizo un
tratado de las relaciones entre lo físico y lo moral„
que testimonia todavía la bondad de sus principios;
"que filosofa sin fanatismo, sin estrechez de espíritu,
con ese punto de escepticismo que conviene á los
amigos de la verdad y á los discípulos de la sabidu-
ría„; que fué un reformador resuelto y un revolucio-
nario pacífico; que fué una de esas raras cabezas que

---

(1) J. M. Guardia. *Philosophes Espagnols. J. Huarte.* En la
Revue Philosophique, tomo XXX, páginas 249 y siguientes. Pa-
rís, 1890.

piensan para hacer pensar á quien sea capaz de este
ejercicio de la mente; que fundó una doctrina que ha
resistido el desgaste de los siglos, y que "no tuvo
las enfermedades epidémicas de su tiempo: el misti-
cismo, el casuísmo, el fanatismo y el pedantismo es-
colástico„.

Cervantes no menciona ni una sola vez á este insigne pensador, ni alude apenas á la obra de Mateo
Alemán; pero Cervantes conocía, y no de pasada, ni
tampoco de última hora ni por incidencia, el *Examen
de ingenios*, y tal vez fuera convidado á su lectura
por la curiosidad y el interés de conocer la manera
del suyo, *conforme a la invitación sugestiva del primer título que tuvo esta obra:* "*Examen de ingenios
para las ciencias, donde se muestra la diferencia de
habilidades que hay en los hombres, y el género de letras
que á cada uno responde en particular. Es obra donde
el que leyere con atención hallará la manera de su ingenio, y sabrá escoger la sciencia en que más ha de
aprovechar; y si por ventura la hubiese profesado,
entenderá si atinó á lo que pedía su habitual natural*„ (1).

Que Cervantes no cite lo que lee, no arguye pre-
meditado disimulo, pero tampoco se puede afirmar lo
que dice Valera, de ser Cervantes "tan sincero en

_____

(1) Loc. cit. Discurso preliminar de D. Alfonso de Castro,
pág. 70.

todo, que cuando imita ó remeda casi siempre lo declara„ (1).

Más adelante, en su discurso, hace la afirmación de que "Cervantes era (¿por qué no decirlo?), un *ingenio* casi *lego*„ (2), debiéndose entender esta declaración del cultísimo académico en el propio sentido en que en otra obra, refiriéndose á González Bravo y Espronceda, dice que "no tenían *colegio*„ (3); y lo justifica Cervantes cuando dice que su obra está "falta de toda erudición y doctrina, sin acotaciones en las márgenes y sin anotaciones en el fin del libro„ (4).

Cervantes no siguió, ciertamente, ni pudo seguir, conforme á la manera de su ingenio y educación, el ordenado método académico, pero en los libros aprendía y era lector voraz, y á este género de enseñanzas le atribuye un poderoso influjo que debe servirles de advertencia á aquellos que presumen que Cervantes todo lo tomó de las impresiones que la misma realidad le ofrecía. En el *Persiles y Segismunda* dice lo siguiente: "Porque las lecciones de los libros muchas veces hacen más cierta experiencia de las cosas que no la tienen los mismos que las han visto, á causa de que el que lee con atención repara una y

(1) Loc. cit., pág. 21.
(2) Ibid, pág. 65.
(3) Continuación de la *Historia de España* de Lafuente.
(4) *Quijote*. Prólogo,

muchas veces en lo que va leyendo, y el que mira sin ella no repara en nada, y con esto excede la lección á la vista„ (1). Y esto no lo dice como consejo, sino como alegato de lo que á los libros les debe, induciéndose de aquí que estimaba las lecciones de los libros, que leía con atención y que repasaba una y muchas veces lo que iba leyendo, siempre que le pareciera interesante.

Precisamente su primera manera literaria no es tan sólo trasunto de lecturas — que cataloga en el *Quijote,* equivalentemente á la manera erudita, y para un fin de espurgo, siendo también un catálogo de autores el final de la *Galatea* (2), y de autores y de algunas obras *El viaje al Parnaso* (3) — sino que las mismas impresiones reales son más bien reflejas que inmediatas. Su segunda manera, la que lo pone en relación con la realidad, tampoco parece tener caracteres espontáneos, pues hallándose caracterizada anteriormente en un género literario definido, y manifestándose Cervantes como muy propenso á tal género de sugestiones é ingerencias, es de creer que no se encaminara en el segundo derrotero de por sí, sino por el empuje de lo nuevamente leído.

Además, de uno á otro período tuvo tiempo para

---

(1)   *Trabajos de Persiles y Segismunda. Biblioteca de Autores Españoles,* loc. cit., pág. 552, col. 2.ª

(2)   Loc. cit., libro IV, pág. 81.

(3)   Loc. cit., pág. 589.

una dilatadísima lectura; para ingerir, absorber y transformar "al cabo de tantos años„, como permaneció "en el silencio del olvido„ (1), cuadrándole por esta consideración y la de los muchos años que tenía, que lo condicionaban para dar los verdaderos frutos sazonados de su mente, lo que Huarte dice, estableciendo analogía entre la nutrición corporal y la mental. "Lo último que hace el hombre muy gran letrado, es gastar mucho tiempo en letras y esperar que la ciencia se cueza y eche profundas raíces, porque de la manera que el cuerpo no se mantiene de lo mucho que en un día comemos y bebemos, sino de lo que el estómago cuece y altera, así nuestro entendimiento no engorda con lo mucho que en poco tiempo leemos, sino de lo que poco á poco va entendiendo y rumiando cada día, se va disponiendo mejor nuestro ingenio, y viene, andando el tiempo, á caer en cosas que atrás no pudo alcanzar ni saber„ (2).

¿Qué importa que que no sabe "qué aut guar con el escalpel los autores que le ca este modo lo que los todavía, la reconstitu tes en los casos en qu

---

(1) *Quijote*. Prólogo.
(2) Loc. cit., pág. 417, cc
(3) Prólogo.

ni autores ni libros, ni dice de dónde procede la materia que le sirve de fecundador incentivo?

Esto es lo que nos proponemos, con relación al doctor Juan Huarte, pues según nuestras presunciones y comprobaciones, su *Examen de Ingenios* ejerció señalado influjo en distintos períodos de la obra literaria de Cervantes y en el título y en la modalidad más significada de su grande obra, del *Quijote,* y para comprobarlo, no con todos los pormenores que requerirían más minucioso estudio del que con apremio nos ha sido dable hacer, expondremos las resultantes de nuestra investigación en las siguientes materias comprobadas:

1.ª El calificativo de INGENIOSO Hidalgo es un transporte del *Examen de Ingenios.*

2.ª La modalidad del trastorno mental de *Don Quijote* deriva de textos señalados de la misma obra.

3.ª Lo propio ocurre con la modalidad del trastorno mental y la significación de *El Licenciado Vidriera.*

4.ª Cervantes es autor de un *Examen de Ingenios* en la *Galatea.*

5.ª Cervantes transforma una doctrina psicofisiológica de Huarte en un simbolismo de acción dramática en el *Persiles y Segismunda.*

I.

El calificativo de «Ingenioso Hidalgo» es un transporte del «Examen de Ingenios».

Lo dije por primera vez en Julio de 1899 — y antes lo había presumido — con ocasión del Centenario de Velázquez, en un artículo expresamente escrito, titulado *La parentela de Velázquez* (1) y en el curso de algunas consideraciones para demostrar que "lo picaresco es lo ingenioso con un modo particular de ingenio„ (2).

"Si nos atuviéramos — decía — á la doctrina del ingenio expuesta por Juan Huarte en su *Examen de Ingenios*, viendo en ella que el ingenio, es un modo de desequilibrio mental y hasta de enfermedad mental, y que ese ingenio se manifiesta en muchos casos, que el autor minuciosamente expone, en formas de locura, comprenderíamos una cosa que los cervantistas no han logrado entrever: el por qué Cervantes

---

(1) *La España Moderna*, tomo 127, pág. 123.
(2) Ibid, pág. 133.

no llamó loco al que los comentaristas de su obra han llamado el "sublime loco„, sino que lo llamó *ingenioso,* que era decir lo mismo, aunque más acomodadamente á un concepto español, que aunque está significado en la obra de Huarte, que Cervantes muy bien pudo conocer, está contenido implícitamente en la misma significación de la picardía, representando el ingenio como cualidad„ (1).

Confieso que desde entonces hasta la reunión celebrada en la presidencia del Colegio de médicos de Madrid el 23 de Diciembre de 1904, no volví á ocuparme en el asunto, esperando que alguien tuviera la curiosidad de hacer pesquisas en esta materia de investigación, que quedó dormida, como aquí duermen tantas cosas convenientes, mientras las fútiles nos inquietan y alborotan, nos quitan el sueño y nos perturban la tranquilidad y el orden.

Se trataba de la parte que la clase médica había de tomar en el Centenario, y aquí de mi presunción y de mi tema. Porque alguno cree que los médicos en el homenaje nacional sólo nos podemos referir, con

---

(1) Ibid.

Poco antes dice á este propósito: «Lo picaresco no se tuvo por de baja alcurnia, sino como producto sutil de las más sutiles manifestaciones del ingenio. Los pícaros se equiparaban á los dos más excelentes productos nacionales, al potro de Córdoba y al paño refino de Segovia. De aquí nació, como dice Jerónimo de Alcalá, el *equivoco maravilloso* que se aplicaba al mozuelo travieso, mal inclinado y de depravadas costumbres, diciendo: «Vos, hermano, potrico sois de Córdoba; refino podéis ser de Segovia.»

nuestros propios medios, "á las sanguijuelas que le debieron de poner á Don Quijote„, y así me lo dijo indiscretamente un destemplado más versátil que reflexivo y docto. Pero si en la determinación de la gran obra, un médico insigne, con su libro singular que desconocen los que han sido directores fracasados de nuestra cultura, y que debe ser considerado, según la afirmación de Guardia, como una introducción filosófica á todos los tratados de pedagogía (1), los médicos, no sólo tenemos la obligación de tomar parte en la ofrenda literaria nacional, sino de llamarnos á la parte en justo tributo á la memoria relegada y á la gloria obscurecida, en el país en que nació y en la lengua en que se expresó, de uno de los nuestros.

Pareciendo bien mi iniciativa, justo mi propósito y muy legítima la empresa, acepté el encargo de ser pesquisidor y de presentar el proceso de mis averiguaciones, y aquí lo traigo en forma, no tan breve como quisiera, porque para declarar literariamente una cosa probada es indispensable el mayor acumulo posible de testimonios y de indicios.

El comentarista que mejor presenta el alegato es D. Diego Clemencin (2), que dice lo siguiente:

---

(1) Loc. cit.
(2) *El ingenioso hidalgo D. Quijote de la Mancha*, comentado por D. Diego Clemencin. Madrid, 1833.

Tomo I, XLIV.— *Ingenioso Hidalgo Don Quijote de la Mancha.*

"Se ha dudado de la propiedad y conveniencia de este título que Cervantes puso á su obra. Entre sus contemporáneos no faltó quien lo tachase de abultado y hueco; D. Juan Antonio Pellicer opinó que la calidad de *ingenioso* se aplicaba, no á la persona del hidalgo, sino á la obra, para denotar el ingenio con que estaba escrita; pero el mismo Cervantes refutó esta opinión en el epígrafe del capítulo 2.º *que trata de la primera salida que de su tierra hizo el ingenioso Don Quijote.* Lo mismo se repite en el título del capítulo XVI, y al concluirse la segunda parte, después de contar el fallecimiento de Don Quijote, se dice: *este fin tuvo el ingenioso hidalgo de la Mancha.* Por cuyos pasajes es claro que Cervantes calificó de ingenioso, no á su libro, sino á su héroe. Más plausible que la opinión de Pellicer pudiera parecer la de que se llamó *ingenioso* al Quijote por pertenecer á la clase de libros de invención y de ingenio, al modo que diríamos el *Ingenioso Lazarillo* de D. Diego de Mendoza, la *Ingeniosa República literaria* de D. Diego de Saavedra; pero no deja este arbitrio Cervantes aplicando exclusivamente, como acaba de verse, la calidad de ingenioso á la persona de su Hidalgo. Así que todas las explicaciones ofrecen inconvenientes. Si lo *ingenioso* se dice por la persona, recae mal sobre un loco; si por el ingenio con que está escrito el libro, es vanidad y jactancia del autor; si por ser la obra de la clase de las de ingenio y entretenimiento, el mismo Cervantes lo contradice. Lo que no admite duda, como resultado de todo lo precedente, es que el título de *Ingenioso Hidalgo* es obscuro, y por consiguiente, poco feliz.„

Esto último le sucede al comentarista en la segunda parte de sus observaciones. Acierta en señalar inequívocamente que el calificativo de ingenioso no se refiere á la conceptuación del libro, sino á la del personaje principal. Se entromete en terreno vedado á sus limitadas orientaciones en este punto, cuando asegura que el dicho calificativo "recae mal sobre un loco„, y que de todas maneras el título "es obscuro y poco feliz„.

Si en el buen camino que primeramente siguió hubiese particularizado el análisis, como vamos á hacerlo, se hubiera convencido, aun ignorando que con arreglo á las doctrinas de Huarte un loco pudo ser conceptuado de ingenioso, que este calificativo recaía necesariamente sobre un loco, según el modo y según las ocasiones en que Cervantes lo emplea. Le quedaría en este caso la duda acerca de la proveniencia del neologismo.

No basta señalar los tres textos en que se apoya Clemencín para justificar que lo de *ingenioso* se refiere al héroe, al hidalgo, y en manera alguna á la obra, sino que se requiere examen mucho más proli-

jo en toda la titulación de todos los capítulos de la
primera y segunda parte del Quijote.

De este examen resulta que hay muchos títulos
de capítulos en que no aparece nombrado Don Quijote; que hay otros muchos títulos en que se le cita sólo
con su nombre, y que, por último, hay un pequeño
número de capítulos en que se emplean diferentes
títulos calificativos, todos ellos de significación muy
apropiada.

**Títulos en que no aparece nombra-
do.**—Primera parte: Capítulos 13, 14, 19, 24, 27,
28, 30, 33, 34, 36, 37, 39, 40, 41, 42, 43, 44, 45, 48.—
Segunda parte: Capítulos 4, 5, 9, 10, 13, 14, 15, 19,
20, 21, 24, 25, 26, 28, 29, 31, 33, 34, 36, 37, 38,
39, 40, 41, 45, 47, 49, 51, 52, 53, 54, 55, 62, 63, 65,
66, 70.

Total en la primera parte: 19.

Total en la segunda parte: 37.

**Títulos en que se le nombra escueta-
mente Don Quijote.**—Primera parte: Capítu-
los 3, 10, 11, 12, 15, 18, 22, 26, 31, 32, 35, 38, 47, 49,
50, 51, 52.—Segunda parte: Capítulos 1, 2, 3, 6, 7,
8, 16, 17, 18, 27, 30, 32, 35, 42, 43, 44, 46, 48, 50, 56,
57, 58, 59, 60, 61, 64, 67, 68, 69, 71, 72, 73, 74.

Total en la primera parte: 17.

Total en la segunda parte: 33.

Títulos calificativos.—Primera parte: Capítulos 1, 2, 4, 5, 6, 7, 8, 9, 16, 17, 20, 21, 23, 25, 29, 46.—Segunda parte: Capítulos 11, 12, 22, 23.

Total en la primera parte: 16.

Total en la segunda parte: 4.

RESUMEN	Omitido.	Nombrado.	Calificado.	Totales.
Primera parte.	19	17	16	52
Segunda parte.	37	33	4	74
TOTALES ...	56	50	20	126

Con este método se puede hacer una gráfica del desenvolvimiento del *Quijote*, de la que resultaría la definición precisa de lo pertinente y de lo accidental en el desarrollo de la novela; pero nuestra finalidad inmediata ha de concretarse á valorar la precisión de los calificativos, y con este objeto los expondremos clasificativamente.

Significado y apropiación de los calificativos.—*Caballerosidad.*—El título de "caballero,, aparece en el enunciado de seis capítulos: dos veces "buen caballero,,; dos veces "nuestro caballero,,; una vez "valiente caballero,,; una "invencible caballero,,, y otra "enamorado caballero,,. Estas tres últimas las desglosaremos para incorporarlas á su significación característica.

Poder.—Una sola vez "invencible caballero„.

Fama.—Una vez "famoso Don Quijote„ y otra "famoso hidalgo„.

Valor.—Una vez "valiente caballero„ y otra "valiente manchego„; cinco veces "valeroso Don Quijote„ y una sola "bravo Don Quijote„.

Amor.—Una vez "enamorado caballero„.

En todos estos casos la apropiación de los calificativos es evidente, y se puede demostrar con un somero análisis.

El primer capítulo de la primera parte, "Que trata de la condición y ejercicio del famoso *hidalgo* Don Quijote de la Mancha„, es el único en que se menciona la hidalguía. Desde el capítulo III, "Donde se cuenta la graciosa manera que tuvo Don Quijote en armarse caballero„, ya no se le puede calificar de otra manera que con arreglo al título adquirido. Así dicen los capítulos IV y V "nuestro caballero„, porque ya lo es, y el capítulo VII, referente á su segunda salida, "nuestro buen caballero„. Se repite este calificativo en el capítulo XLVI, "De la notable aventura de los cuadrilleros, y la gran ferocidad de *nuestro buen caballero* Don Quijote„, pero ya como elogio de sus hazañas. Lo de "valiente caballero de la Mancha„, en el capítulo XXV, está muy justificado por todas las aventuras anteriores á las "extrañas cosas que en Sierra Morena sucedieron„. Igual justificación tiene en el capítulo XXI lo de "inven

cible caballero„, tratándose de "la alta aventura y
rica ganancia del yelmo de Mambrino„. En fin, lo de
"enamorado caballero„, en el capítulo XXIX, es de
lo más justificado que pudiera exigirse, teniendo
como precedentes la imitación de "la penitencia de
Beltenebros„ y "las finezas que de enamorado hizo
Don Quijote en Sierra Morena„.

Que se le llame valeroso (capítulo VIII) "en la
espantable y jamás imaginada aventura de los moli-
nos de viento„ y en "la jamás vista ni oída„ de los
batanes (capítulo XX), y en la segunda parte, "con
el carro ó carreta de las Cortes de la muerte„ (capítulo XI), con el Caballero de los Espejos (capítulo XII),
y en "la grande aventura de la cueva de Montesinos„
(capítulo XXII), ni es exagerado ni impropio, sino
de toda justificación. Como "valiente manchego„ se
comporta en la "estupenda batalla„ con "el gallardo
vizcaíno„ (parte primera, capítulo IX), y merece el
calificativo de "bravo Don Quijote„ por "los innu-
merables trabajos„ que pasó "en la venta que por su
mal pensó que era castillo„ (capítulo XVII).

Características de la titulación capitu-
lar. — La primera parte es muy proporcional en la
omisión de la mención, en la consignación del nombre y en el calificativo, de tal modo que se puede
decir que las proporciones numéricas casi son iguales.
En la segunda parte la proporción entre lo pri-

mero y lo segundo subsiste, pero el calificativo se reduce á verdaderas y contadas excepciones.

De todos modos, en una y otra parte los cincuenta y seis capítulos en cuya titular no se menciona á Don Quijote ó tratan de cosas no referentes en primer término al personaje principal, ó éste no figura en las determinantes de la acción para ser principalmente conmemorado; y los cincuenta capítulos en que se le menciona sin calificativo alguno, llamándolo simplemente Don Quijote, y solo dos veces Don Quijote de la Mancha, indican que se da el personaje por suficientemente conocido con sólo nombrarlo con su nombre y tratamiento.

Los veinte capítulos con titulación calificada, indican que Cervantes fué mesurado en los calificativos, reservándolos para las graves ocasiones y para poner en evidencia y hacer resaltar aquellas cualidades ó caracteres que dan relieve al personaje de su obra, y por los que se distingue como figura única.

El calificativo "Ingenioso,,—Sólo aparece empleado en la titulación de tres capítulos de la primera parte (II, VI y XVI).

En el capítulo II, "que trata de la primera salida que de su tierra hizo el *ingenioso* Don Quijote ,,, no lo puede llamar ingenioso más que en el sentido de loco declarado. En el capítulo I se trata, como dice Clemencin, de "las causas que produjeron el extravío de la razón de Don Quijote, y de los trámites por donde vino á consumarse su locura„ anticipando "sólo lo preciso para que, conocido suficientemente el héroe, se pasase á describir una acción suya, la cual por única concentrase la atención y el interés del lector„ (1).

Parece mentira que señalando Clemencin esta particularidad tan acertadamente, no comprendiera que lo de *ingenioso* no se podía referir á otra cosa que á un loco previamente declarado que en el capítulo II empieza á ejecutar el plan de sus locuras. Si Cervantes no llama á Don Quijote caballero, sino después de ser armado caballero, no lo llama *ingenioso* sino después de haberlo definido como loco, y al ponerle en acción.

Por ese mismo o
secuencias, si en e
fiesta más ostensible
Quijote, testimoniá
ras y las declaracio
todo lo atribuyen á
lación del capítulo \
mente á "el donoso
y el barbero hiciero
nioso hidalgo„.

---

(1) Loc. cit., pág. 22.

Una particularidad existe en el capítulo XVI, y muy significativa, pues habiendo llamado anteriormente, después de "armarse caballero„, tres veces caballero á Don Quijote, en las titulaciones de tres capítulos (IV, V, VII), vuelve á variarle la jerarquía al tratar "de lo que le sucedió al *ingenioso* hidalgo en la venta que él imaginaba ser castillo„ y esto parece una intencionada referencia, pues de la locura del hidalgo se originó todo lo que al aventurero en sus extraviadas aventuras le sucede.

En suma, tres veces nada más emplea Cervantes el calificativo de *ingenioso*, y no obstante esta limitación, de aquí toma el calificativo titular de la obra para caracterizar inequívocamente al *Ingenioso hidalgo Don Quijote de la Mancha* que es estas tres cosas, por el nombre caballeresco que se dió y que se repite en las titulares de cincuenta capítulos; por la patria que lo vió nacer, y que las titulares sólo la mencionan siete veces; por la hidalguía, que la substituye la caballerosidad, y por lo de ingenioso, que es el calificativo preponderante y que solamente á la condición más señalada, más permanente y más insubstituible se puede referir, que es la de su extravío mental.

Particularizando más este análisis, se puede plantera la cuestión de si el título de la obra lo puso Cervantes antes de escribir el primer capítulo de la primera parte ó cuando la terminó. Evidentemente es lo primero, porque todas las cuestiones titulares aparecen exactamente planteadas y definidas en el primer capítulo y en relación íntima con todo el asunto de la obra, que aunque á Cervantes, según él mismo lo declara en el prólogo, le "costó algún trabajo componerla„, esto no concierne, en manera alguna, al núcleo de su concepción, determinado desde el primer momento y expresado condensada y claramente en el primer capítulo con los rasgos primordiales del asunto de la obra, que se condensan todavía más en la titulación de la misma.

Analíticamente, el título de la obra se ha de descomponer en estas tres partes:

INGENIOSO.
HIDALGO.
DON QUIJOTE DE LA MANCHA.

Y la significación de cada una de esas tres partes se halla contenida y expresada en el primer capítulo.

HIDALGO.—Por ahí comienza: "..... vivía un hidalgo de los de lanza en astillero, adarga antigua, rocín flaco y galgo corredor„ (1). El personaje en la realidad de la vida y en la clase social á que pertenece no era más que un hidalgo. Hidalgo era, hidalgo tiene que ser y así lo llama.

_____

(1) *Biblioteca de Autores Españoles*, t. I, pág. 233, col. 1.ª

DON QUIJOTE DE LA MANCHA.—"Puesto nombre, y tan á su gusto, á su caballo, quiso ponérsele á sí mismo, y en este pensamiento duró otros ocho días, y al cabo se vino á llamar DON QUIJOTE..... Pero acordándose que el valeroso Amadis, no sólo se había contentado con llamarse Amadis á secas, sino que añadió el nombre de su reino y patria por hacerla famosa, y se llamó Amadis de Gaula, así quiso como buen caballero añadir al suyo el nombre de la suya, y llamarse DON QUIJOTE DE LA MANCHA..... „ (1).

INGENIOSO.—Categóricamente en el primer capítulo están los dos señalados elementos titulares, y de una manera expresa se consignan, y es de todo punto indudable que también debe estar el calificativo, que no figura ni una sola vez en el texto del capítulo, pero cuya definición es bien inequívoca.

Aunque por orden gramatical el calificativo *ingenioso* antecede á lo demás del título de la obra de Cervantes, en el orden de conexiones formativas se halla necesariamente, y así está en el texto del capítulo, entre HIDALGO y DON QUIJOTE DE LA MANCHA.

¿Qué es *Don Quijote de la Mancha*? La transformación caballeresca del *hidalgo* "Quijada ó Quesada„. ¿Cómo se verifica esa transformación? Cervantes lo dice: "Es, pues, de saber que este sobredicho

---

(1) Ibid, pág. 234, col. 1.ª

hidalgo, los ratos que estaba ocioso (que eran los más del año) se daba á leer libros de caballerías con tanta afición y gusto, que olvidó casi de todo punto el ejercicio de la caza, y aun la administración de su hacienda; y llegó á tanto su curiosidad y desatino en esto, que vendió muchas anegadas de tierras de sembradura para comprar libros de caballerías que leer; y así llevó á su casa todos cuantos pudo haber dellos.....,, (1).

Repárese bien en este texto y en el que vamos á copiar seguidamente, y no se les olvide, pues han de ser más tarde nuestra guía al señalar de qué punto del *Examen de Ingenios* tomó Cervantes el patrón para definir el género de locura que transforma al pacífico *hidalgo* en el loco aventurero *Don Quijote de la Mancha.*

Repárese también que Cervantes no señaló en su hidalgo ningún antecedente patológico ni ninguna mala complexión natural. "Frisaba la edad de nues· tro hidalgo con los cincuenta años: era de complexión recia, seco de carnes, enjuto de rostro, gran madrugador y amigo de la caza,, (2).

Su locura no tiene otro origen que el del influjo literario de los libros de caballerías. "En resolución, él se enfrascó tanto en su lectura, que se le pasaban

---

(1)   Ibid, pág. 233, col. 1.ª
(2)   Ibid.

las noches leyendo de claro en claro, y los días de
turbio en turbio; y así del poco dormir y del mucho
leer se le secó el cerebro, de manera que vino á
perder el juicio. Llenósele la fantasía de todo aquello que leía en los libros, así de encantamentos como
de pendencias, batallas, desafíos, heridas, requiebros, amores, tormentas y disparates imposibles. Y
asentósele de tal modo en la imaginación que era
verdad toda aquella máquina de aquellas soñadas
invenciones que leía, que para él no había otra historia más cierta en el mundo„ (1).

Aquí está toda la enjundia de la genial creación
del libro más famoso entre todos los libros de inven-
tiva. Lo demás es desenvolvimiento donósimo de la
idea primaria.

Y aquí está también lo de *ingenioso* y no puede
estar en ninguna otra parte. La locura de Don Quijote, la transformación del hidalgo, es cosa de ingenio, es reflejo de determinadas manifestaciones del
ingenio, es debida á la ingeniosa literatura de los libros de caballería que se le ingiere en el cerebro, lo
destempla y le hace proceder con arreglo á las determinantes de la imaginativa.

Todo esto es así, pero para que se singularizara
en un calificativo que los cervantistas no acertaron
á desentrañar, era indispensable un elemento reve-

---

(1) Ibíd, 2.ª

lador, que no es otro ni pudo ser otro que el *Examen
de Ingenios*, donde la doctrina del ingenio está precisamente tratada en su esencia, en sus variedades y
en casos definidos.

Claro está que Cervantes pudo abreviar el título
de su obra, como se ha hecho después, ya que todo
el mundo dice familiarmente *Don Quijote* ó *Quijote*
á secas, y decir *Don Quijote de la Mancha*, y si no lo
hizo es por tener conciencia cabal de su significación, que no quería dejar preterida, y también porque obedeció al influjo de la caballeresca italiana.

Los dos ciclos de la literatura caballeresca, el
carolingio y el bretón, se refunden en una obra me-
morable de la literatura italiana. Esta obra señala
otra particularidad. Los héroes del ciclo carolingio
habían sido representados como inaccesibles á todo
sentimiento que no fuese el ardor guerrero ó la pie-
dad religiosa. El conde Mateo María Boiardo, le da
á Orlando otros sentimientos afectivos y esta particularidad se caracteriza en el título de su obra:
Orlando Innamorato. A este gran poeta de la epopeya caballeresca, le sucede el gran artista, Ludovico
Ariosto, y lo que en su obra hay de más original, la
locura de Orlando, lo lleva á la titulación de la misma. "Come il Boiardo, che a dispetto delle epiche
tradizioni fa innamorare il suo eroe, intitolò il poe-
ma: *Orlando* innamorato, cosi l' Ariosto che lo fa im-
pazzire, gli dette il clasico appellativo di *furioso (fu-*

rens)„ (1). En la obra de Cervantes la locura de Don Quijote, no es, como la locura de Orlando en la obra de Ariosto, uno de tantos episodios, sino que es la obra misma, y si, por una singularidad señalada Ariosto la caracterizó en el título, Cervantes, con arreglo á una preceptiva aún más obligatoria, no podía prescindir de lo que en su obra es esencial (2).

¿Y cómo hacerlo? ¿Llamándolo loco? ¿Es desenfadado, poco elegante y muy expuesto á descrédito? ¿Furioso? El apelativo clásico *furens* no está mal, tratándose de un enamorado, pero la furia tiene diferentes acepciones y expresa un incremento de locura, que si por sí sola determina prevención, siendo el loco furioso ocasiona temor y apartamiento.

De aquí que Cervantes, cuidando de llevar al título de su obra todos los elementos indicadores y caracterizadores de la misma, y salvando las escabrosidades é inconvenientes que le ofreciera el empleo de un apelativo demasiado crudo, acertó á encontrar en la obra de Huarte el "equívoco maravilloso,„ que dice Jerónimo de Alcalá, con la plena significación que deseaba, aunque hasta la fecha sólo

---

(1) Giuseppe Finzi: *Lezioni di storia della Letteratura Italiana,* vol. II, pág. 81. Torino, 1887.

(2) Valera dice lo siguiente en su mencionado discurso: «Sigue también é imita á Ariosto, en el *Orlando*, cuya inspiración, ó mejor dicho, cuya propensión es semejante á la suya, aunque en otro grado y por diverso estilo.» (Pág. 21.)

les haya producido á críticos é investigadores, dudas é incertidumbres.

Otro calificativo. — Como última prueba, ciertamente innecesaria, para señalar el propósito de Cervantes, tenemos una calificación que, de propósito, no hemos catalogado hasta ahora, pero que es grandemente significativo.

Se ve en ella que hay momentos en que el autor tiene que señalar hasta qué punto llega la locura de su héroe. Se lo impone la sucesión de los mismos hechos.

Al salir, al final del capítulo XXII de la Segunda Parte, "de la grande aventura de la cueva de Montesinos,„ y al contar en el capítulo XXIII lo que en ella le sucedió, la locura llega á tales extremos que Cervantes lo tiene que llamar "EL EXTREMADO.„ Esta es la singularidad calificativa de la titulación de este capítulo. "De las admirables cosas que el extremado Don Quijote contó que había visto en la profunda cueva de Montesinos, cuya imposibilidad y grandeza hace que se tenga esta aventura por apócrifa.„

Después de esto, sólo nos resta precisar algunas conexiones señaladas entre la obra de Cervantes y el *Examen de Ingenios.*

II.

La modalidad del trastorno mental de ‹Don Quijote› está precisamente señalada en el ‹Examen de Ingenios›.

Concepto del ingenio, según Huarte —
Se comprenderá, sin necesidad de advertirlo, que no hemos de exponer metódicamente toda la doctrina contenida en el *Examen de Ingenios*. Lo que nos importa señalar es lo que orientó á Cervantes, tanto en la adopción justificada del apelativo *ingenioso* como en la definición de un tipo de locura.

Si ingenioso quiere decir loco, es indispensable demostrar que tal acepción está evidentemente en los principios que informan el *Examen de Ingenios* y que Cervantes pudo aceptarla y aplicarla, porque le convino, sin violencia alguna.

Así es, efectivamente, y lo que se podía llamar con la nueva terminología "Concepto patológico del ingenio„, no es materia que se halle vagamente diluída en recónditos lugares del texto y que sea preciso remontarla por interpretación, sino que con toda sinceridad y franqueza, la coloca el autor, que es siempre metódico y diáfano, en el frontispicio de la obra, en el "Proemio al lector„, preparándolo así para que entre bien asesorado en la lectura de los capítulos, aprenda qué cosa es ingenio, cuántas diferencias existen, de qué cualidades y circunstancias dependen y á qué se debe la singularidad de algunos ingenios ó habilidades profesionales y de algunos más elevados y de considerable renombre histórico, y conozca también, si se lo propone y es discreto, la manera del suyo.

En la doctrina psico-fisiológica de Huarte, justificada con la etimología de la palabra ingenio, éste no es otra cosa que una función de la mente que, como ya se ha dicho en la cita de la pág. 14, es susceptible de engendrar y parir y de tener hijos y nietos, y así "las artes y ciencias que aprenden los hombres son unas imágenes y figuras que los ingenios engendraron dentro de la memoria„ (1), porque el nombre ingenio "desciende del verbo *ingenero*, que quiere decir engendrar dentro de sí una figura entera y verdadera que representa al vivo la naturaleza del sujeto cuya es la ciencia que se aprende„.

Es tan privativo en Huarte este concepto de la generación, que de él hace derivar muy singulares analogías entre la generación que conocemos, aun-

---

(1) Huarte, loc. cit., pág. 410, col. 1.ª

que equivocadamente, como propiamente dicha, y la generación mental, y por este orden califica á los impotentes mentales. "La inhabilidad de éstos—dice—corresponde totalmente á los capados; porque así como hay hombres impotentes para engendrar (por faltarles los instrumentos de la generación), así hay entendimientos capados y eunucos, fríos y maleficiados, sin fuerzas ni calor natural para engendrar algún concepto de sabiduría „ (1). En este mismo orden presenta la falta de viabilidad de ciertos productos de la psiquis, análoga á la de ciertos productos generativos, refiriéndose á los "que conciben la figura de los primeros principios, y de ellos sacan algunas conclusiones, aunque pocas y con mucho trabajo „, no durándoles "la figura más tiempo en la memoria de cuanto los maestros se la están pintando y diciendo con muchos ejemplos y maneras de enseñar acomodadas á su rudeza. Son como algunas mujeres que se empreñan y paren, pero en naciendo la criatura luego se les muere „ (2). En este orden de analogías llega á lo teratológico, y refiriéndose al que "concibe dentro de sí la figura de los primeros principios, y de ellos saca muchas conclusiones y las retiene y guarda en la memoria, pero al tiempo de poner cada cosa en su asiento y lugar hace mil dis-

---

(1)   Ibíd, pág. 413, col. 2.ª
(2)   Ibíd, pág. 414, col. 1.ª

parates„, dice que "es como la mujer que se empreña y pare un hijo á luz con la cabeza donde han de estar los pies y los ojos en el colodrillo„ (1).

No es en este orden de las analogías generativas donde se encuentra el concepto que nosotros queremos hacer sobresalir, y que ciertamente sobresale en la obra, sino en una doctrina mucho más general, la de las calidades y destemplanzas, y á ella concretaremos nuestro examen.

Es doctrina que no se refiere únicamente al individuo, sino al medio, y por eso tiene la consideración de la amplitud de factores, como se dice ahora.

Doctrina de las destemplanzas. — La primera afirmación que se desprende es la de que todos, absolutamente todos, estamos enfermos, porque "es de saber que fué antigua opinión de algunos médicos graves que todos los hombres *que vivimos en regiones destempladas* estamos actualmente enfermos y con alguna lesión, aunque por habernos engendrado y nacido con ella, y no haber gozado de otra mejor templanza, no lo sentimos„ (2).

La templanza y "la perfecta salud del hombre estriba en una conmoderación de las cuatro calidades primeras, donde el calor no excede á la frialdad

---

(1) Ibid.
(2) Ibid, pág. 405, col. 2.ª

ni la humedad á la sequedad, de la cual declinando, es imposible que pueda hacer sus obras como antes solía,, (1).

El hombre se destempla, no sólo por nacer en regiones destempladas, sino por la serie de mudanzas á que está sujeto, y precisamente esas regiones se califican como destempladas por las constantes mudanzas que en ellas ocurren. El orden de destemplanza es el de variación constante de la vida, cuyo equilibrio es inestable, y por este concepto mecánico de la ciencia moderna se podrían llamar desequilibrados á los que entonces se llamarían destemplados, conforme á esta doctrina.

Cuanto se dice ahora refiriéndolo á la inestabilidad del equilibrio, en cada momento de la vida, lo consigna Huarte en precisa enumeración refiriéndolo á las destemplanzas. "Pero viviendo los hombres— dice—en regiones destempladas, sujetas á tantas mudanzas de aire, al invierno, estío y otoño, y pasando por tantas edades, cada una de su temperatura, y comiendo unos manjares fríos y otros calientes, forzosamente se ha de destemplar el hombre y perder cada hora la buena temperatura de las primeras calidades; de lo cual es evidente argumento ver que todos cuantos hombres se engendran, nacen unos flemáticos y otros sanguíneos; unos coléricos, otros

_____

(1) Ibid.

melancólicos, y por grande maravilla, uno templado,
y á éste no le dará la buena temperatura un momento sin alterarse,, (1).

Con esta doctrina, los temperamentos son desvia-
ciones de "la buena temperatura,,, ocasionando diferencias de constituciones individuales. "Los flemáticos se apartan notablemente por frialdad y humedad, y los coléricos por calor y sequedad, y los melancólicos por frialdad y sequedad, y todos viven
salvos y sin achaque ni dolor,, (2). Es decir, unos y
otros son enfermos que ni lo aparentan ni lo sienten,
y su enfermedad consiste en "no tener entera su
composición natural,,.

Por esto, por su no integridad de constitución,
"están inclinados á gustos y apetitos contrarios, no
solamente en lo irascible y concupiscible, pero también en la parte racional,,: y aquí entra la doctrina de las destemplanzas en un orden diferencial
que comunmente se reconoce, y es el de la variedad de juicios que diferentes personas formulan á
diario sobre una misma cosa, no pudiéndose entender ni convenirse, expresándolo Huarte con una figu-
ración que indica su tendencia á ponerlo todo en claro por medio de procederes que, aunque muchas
veces sólo tengan carácter de suposiciones, pare-

(1) Ibid, pag. 406, col. 1.ª
(2) Ibid.

cen querer obedecer á la preceptiva de lo experimental.

Dice así: "Pero para que más claro se entienda que las varias destemplanzas y enfermedades que los hombres padecen es la causa total de hacer varios juicios (en lo que toca á la parte racional), será bien poner ejemplo en las potencias exteriores, porque lo que fuere de ellas será también de las interiores. Todos los filósofos naturales convienen en que las potencias con que se han de haber algún conocimiento, han de estar sanas y limpias de las calidades del objeto que han de conocer, sopena que harán juicios varios y todos falsos. Finjamos, pues, cuatro hombres enfermos en la compostura de la potencia visiva, y que el uno tenga en el humor cristalino una gota de sangre empapada, y otro de cólera, y otro de flema, y otro de melancolía: si á estos (no sabiendo ellos de su enfermedad) les pusiésemos delante un pedazo de paño azul

dadero que tenía, e

era colorado, y el

blanco, y el cuarto

reirían unos de otro

manifiesta y notoria

mores las pasásemo

beber un jarro de a

el otro amarga, el

aquí cuatro juicios

razón de tener cada una su enfermedad, y ninguna atinó la verdad„ (1).

Lo propio expone en cuanto á las potencias interiores.

"La misma razón y proporción tienen las potencias interiores con sus objetos, y si no, pasemos aquellos cuatro humores en mayor cantidad al cerebro, de manera que le inflamen, y veremos mil diferencias de locuras y disparates, por donde se dijo: cada loco con su tema. Los que no llegan á tanta enfermedad, parece que están en su juicio, y que dicen y hacen cosas convenientes, pero realmente disparatan, sino que no se echa de ver por la mansedumbre con que algunos proceden. Los médicos de ninguna señal se aprovechan tanto para conocer y entender si un hombre está sano ó enfermo, como mirarle á las obras que hace, y si éstas son buenas y

---

(1) Ibid, pág. 406, col. 2.ª

El poeta lo ha dicho más tarde:

«Las cosas son del color
del cristal con que se mira.»

Repite el razonamiento en la pág. 439, col. 1.ª, refiriéndose á
        · · · · · · · · ·   nto no es potencia orgá-
                             ı alguna cosa corporal,
                             to de las demás, como lo
                             ł el gusto está amargo,
                             mo sabor, y si el humor
                             anto ve el ojo juzga que
                             Intus existens prohibet

sanas, es cierto que tiene salud y si lesas y dañadas, infaliblemente está enfermo,, (1).

Este concepto patológico lo resume al decir "que viviendo como vivimos en regiones destempladas, y con tantos desórdenes en el comer y beber, con tan-tas pasiones y cuidados del alma, y tan continuas alteraciones del cielo, no es posible dejar de estar enfermos, ó, por lo menos, destemplados; y como no enfermamos todos con un mismo género de enferme-dad, no seguimos comúnmente todos una misma opi-nión, ni tenemos comúnmente un mismo apetito y antojo, sino cada uno el suyo, conforme á la destem-planza que padece,, (2).

Sería muy largo para la finalidad de estas consi-deraciones, exponer, después de la doctrina de las destemplanzas la de las diferencias, interesándonos únicamente decir en concreto que la variedad de destemplanzas produce las diferencias de ingenio; que cada cual tiene su manera de ingenio conforme á la combinación en su organismo de las primeras calidades; que toda esta doctrina expuesta como pre-liminar, va encaminada á que se comprenda lo que particularmente se expone referentemente á las di-ferencias de ingenio y á sus maneras, y que refirién-dose todo al ingenio desde el principio de la obra, y

---

(1) Ibíd.
(2) Ibíd., pág. 407, col. 1.ª

enfocándose desde el primer momento la naturaleza patológica de las destemplanzas productoras de las diferentes clases de ingenio, sin esfuerzo alguno se puede comprender lo ingenioso en lo patológico y señaladamente en lo que concierne á locuras y desvaríos.

Los textos copiados lo autorizan sin violencia alguna, pero aún hay otros que orientan más señaladamente.

Por ejemplo: el delito, en la doctrina de Huarte, puede ser considerado como una manera de ingenio, producto de una destemplanza. De los delincuentes se podría decir con una afortunada frase de Baltasar Gracián, que "tienen el ingenio siniestro„ (1). Huarte, señalando un caso bíblico, conceptúa el "mal ingenio„, atribuyéndolo á la destemplanza de los padres al engendrar á sus hijos, doctrina en que la ciencia moderna viene á convenir de cierto modo. Dice, en otro lugar, á este propósito "que si la simiente humana es de mala substancia, y no tiene el temperamento que conviene, hace el ánima vegetativa mil disparates„ (2). El caso á que se refiere Huarte es el de Caín: "y con tal destemplanza conoció á su mujer, y engendró TAN MAL HOMBRE como Caín, DE TAN MAL INGENIO, malicioso,

---

(1) Baltasar Gracián: *Obras escogidas de filósofos*, loc. cit., pág. 550, col. 2.ª

(2) Loc. cit., pág. 429, col. 1.ª

soberbio, duro, áspero, desvergonzado, envidioso, indevoto y mal acondicionado (1).

La locura es siempre en la doctrina de Huarte un modo de ingenio.

Aunque Huarte, como dice Guardia, definió el genio como una larga paciencia, sin embargo, reconoció también su naturaleza patológica. Así dice: "porque según opinión de los médicos, en muchas obras exceden los destemplados á los templados. Por donde dijo Platón que por maravilla se halla hombre de muy subido ingenio, que no pique algo en manía (que es una destemplanza caliente y seca del cerebro)„ (2). Recuérdese esto último, pues tiene mucha significación para lo que luego habremos de decir.

El capítulo VII del *Examen de Ingenios,* que ofrece algunos casos de locura se titula: "Donde se prueba que del alma vegetativa, sensitiva y racional, son sabias, sin ser enseñadas de nadie, teniendo el temperamento conveniente que piden sus obras„, y á este propósito, entre otras referencias y ejemplos, dice "que si el hombre cae en alguna enfermedad, por la cual el cerebro de repente muda su temperatura (como es la manía, melancolía y frenesía), en un momento acontece perder (si es prudente) cuanto

___

(1) Ibid, pág. 407, col. 2.ª
(2) Ibid, pág. 408, col. 2.ª

sabe, y dice mil disparates; y si es necio, adquiere más ingenio y habilidad que antes tenía. De un rústico labrador sabré yo decir que estando frenético, hizo delante de mí un razonamiento encomendando á los circunstantes su salud, y que miraran por sus hijos y mujer (si de aquella enfermedad fuese Dios servido llevarle), con tantos lugares retóricos, con tanta elegancia y policía de vocablos como Cicerón lo podía hacer delante del Senado„ (1).

Sin ampliar las citas, que no hace falta, es seguro que si Clemencín hubiese investigado la obra de Huarte, y precisado lo que acabamos de señalar y otras muchas cosas que se omiten, porque la prueba es suficiente, no habría dicho que lo de *ingenioso* "recae mal sobre un loco„.

Y la omisión de los cervantistas, exploradores persistentes, pero en un sólo rumbo, lo que no hace honor á Cervantes, pues sus admiradores no supusieron lo complejo de su mentalidad y de sus lecturas, no sólo ha dejado sin aclarar durante tanto tiempo este enigma, sino que no han podido tener, ni ellos, los puramente literarios, ni los cervantistas médicos que han tratado especialmente de la locura de Don Quijote, la precisa orientación para percatarse en qué moldes científicos fué troquelada esa figura singular de la gran novela.

_____

(1) Ibid., pág. 431, col. 1.ª

El entendimiento y la imaginativa.—La locura del "*ingenioso* hidalgo„ la expone Cervantes, como ya lo hemos señalado, inequívoca y concisamente.

"Del poco dormir y del mucho leer, se le secó el cerebro, de manera que vino á perder el juicio.„

Causas: poco dormir y mucho leer.

Consecuencias: "se le secó el cerebro. „

Pero "se le secó„ de una cierta manera: "de manera que vino á perder el juicio. „

Seguramente á nadie, ni á los más faltos de prudencia, les habrá ocurrido tomar literalmente lo de la secadura, porque en la acepción escuetamente literal, lo que se seca se extingue.

Mucho menos les habrá parecido que Cervantes empleara ese concepto con vaguedad é indeterminación, pues para decir que un hombre se ha vuelto loco, basta con decirlo. Cervantes pudo decir, no teniendo más precisas informaciones, que "del poco dormir y del mucho leer..... vino á perder el juicio. „

En lo que se omite, se halla la comprobación de que Cervantes tenía informaciones de buena procedencia en cuanto á las causas de la locura, y por eso las consigna.

No es este el primer caso en que Cervantes, cuando se manifiesta como psicólogo, precisa las causas ó las modalidades de los hechos como lo haría un filósofo natural, en cuyas enseñanzas y maneras de discurrir, seguramente para este efecto, se inspiró.

Así se prueba en *El Curioso impertinente*. El singular requerimiento que Anselmo hace á Lotario, sólo como una aberración puede explicarse, y como aberración la explica: "porque no sé de qué días á esta parte me fatiga y aprieta un deseo tan extraño y tan fuera del uso común de otros, que yo me maravillo de mí mismo, y me culpo y me riño á solas, y procuro callarlo y encubrillo de mis propios pensamientos„ (1). Y más adelante, con ejemplos notorios, lo pone de relieve. "Presupuesto esto, has de considerar que yo padezco ahora la enfermedad que suelen tener algunas mujeres, que se les antoja comer tierra, yeso, carbón y otras cosas peores, aún asquerosas para mirarse, cuanto más para comerse„ (2).

Lo de calentarse el cerebro, refiriéndolo á la lectura, es un concepto de sabiduría popular expresado al decir "no te calientes la cabeza, los sesos ó los cascos„, y también "no te quemes las cejas„, ampliado á lo de tener "la cabeza caliente y los pies fríos„. Pero con lo de secarse el cerebro no hay referencias de la misma índole y significación, y eso que el pueblo, en una preocupación suya, en la creencia en el aojamiento, admite la secadura con los mayores caracte-

---

(1) *Biblioteca de Autores Españoles,* t, I, pág. 303, col. 1.ª
(2) Ibíd, pág. 305, col. 2.ª

res de gravedad. Los efectos del *mal de ojo* son siempre secadores.

No es, pues, de un origen difuso la noción que Cervantes tenía de la locura, sino muy concreto y particularizado, y se halla, con toda probabilidad en lo que anteriormente señalamos y en otras citas de la misma índole, que no hay para qué traerlas á demostración, del *Examen de Ingenios.* "Por donde dijo Platón que por maravilla se halla hombre de muy subido ingenio que no pique algo en manía (que es una destemplanza caliente y seca del cerebro).„

En este sentido dice Cervantes lo de "se le secó el cerebro„, en el de una destemplanza, en el de un cambio de temperatura del cerebro, como lo indica Huarte, refiriéndolo á las señaladas causas de la manía y á otras consecuencias.

No por esto se haya de creer que Cervantes, aunque no lo dice, definiera como manía la enfermedad mental del " *Ingenioso* Hidalgo „. El *Examen de Ingenios* no es, ni por incidencia, un tratado de frenopatía. En él se cita algún caso que otro de perturbación mental como justificante de las diferencias de ingenio, pero no se define la forma de las psicopatías.

Siguiendo la doctrina de Huarte, lo que aprendió es que las facultades mentales, memoria, entendimiento é imaginativa, piden determinada combinación de las calidades primeras y la preponderancia de una facultad sobre otra se verifica á expensas de las rebajadas. Claramente lo manifiesta. "La virtud natural que cuece los manjares en el estómago, pide calor; la que apetece, frialdad; la que retiene, sequedad; la que expele, humedad. Cualquiera de estas facultades que tomase más grados de aquella calidad con que obra, se hará más robusta y fuerte hasta cierto punto; pero las demás lo han de pagar, porque parece cosa imposible que estando todas cuatro virtudes juntas en un mismo lugar, que crezca lo que pide calor y que no se enflaquezca lo que obra con frialdad„ (1).

"La misma fuerza y razón llevan las potencias racionales (memoria, imaginativa y entendimiento); la memoria, para ser buena y firme, como más adelante probaremos, pide humedad, y que el cerebro sea de gruesa substancia; por lo contrario, el entendimiento que el cerebro sea seco y compuesto de partes sutiles y muy delicadas; subiendo, pues, de punto la memoria, forzosamente ha de bajar el entendimiento, y si no, discurra el curioso lector y dé una vuelta por los hombres que él ha visto y conocido de memoria muy excesiva, y hallará que en las obras que pertenecen al entendimiento son casi furiosos. Lo mismo pasa en la imaginativa cuando sube de punto, que en las obras que son de su jurisdicción,

---

(1) Ibid, pág. 412, col. 1.ª

engendra conceptos espantosos, cuales fueron aquellos que admiraron á Platón. Y cuando el hombre viene á obrar con el entendimiento, lo pueden atar (1).„

¿Se va viendo claro? ¿Se comprende ya que la
definición de las causas de la locura de Don Quijote
está hecha con arreglo á la doctrina de las destemplanzas, y que con arreglo á la misma doctrina aparece la forma de locura del "*Ingenioso* Hidalgo„, que
lo que tiene es particular lesión en una de las potencias racionales, en la imaginativa, no en el entendimiento?

Así es con toda evidencia. "Llenósele la fantasía
de todo aquello que leía en los libros, así de encantamentos como de pendencias, batallas, desafíos, heridas, requiebros, amores, tormentas y disparates
imposibles. Y *asentósele de tal modo en la imaginación*,
que era verdad toda aquella máquina de aquellas
soñadas invenciones que leía, *que para él no había
otra historia más cierta en el mundo*„.

En el "*Ingenioso* Hidalgo„ todo, absolutamente
todo, sin excepción alguna, es influjo de las cosas
imaginadas que se le metieron en el caletre, y perturbación de su imaginativa que le hace ver en lo
exterior, no la realidad tal como es en sí, sino lo que
en su interior tiene *asentado*, ocurriendo lo que en la
doctrina de Huarte se formula como "razón y propor-

_____

(1) Ibid.

ción de las potencias interiores con sus objetos„ (1).

La integridad del entendimiento no se desmiente nunca y maravilla la discreción de Don Quijote cuando trata de altos asuntos, da su parecer y advierte y aconseja con muy buenas razones.

Y este tipo de mentalidad, esta manera de locura y de razón, esta *diferencia de ingenio,* no la tuvo que inventar Cervantes traduciendo las enseñanzas del doctor insigne, de cuyo famoso libro las recibió sin duda, sino que se la encontró hecha en ese mismo libro con un ejemplo de tanta evidencia que le bastaría transportarlo y acomodarlo al asunto de su obra inmortal y á la modalidad del personaje que la caracteriza.

El ejemplo es el siguiente:

"Demócrito Abderita fué uno de los mayores filó-

---

(1) Huarte, en el Capítulo XI «Donde se da á cada diferencia de *ingenio* la ciencia que le corresponde en particular, y se le quita la que le es repugnante y contraria», señala las preferencias de la imaginativa, con relación á los libros de caballerías. «Y así tengo por cosa llana que el muchacho que saliese con notable vena para metrificar, y que con liviana consideración se le ofrecieran muchos consonantes, que ordinariamente corre peligro en saber con eminencia la lengua latina, la dialéctica, la filosofía, medicina y teología escolástica, y las demás artes y ciencias que pertenecen al entendimiento y memoria. Y así lo vemos por experiencia, que si á un muchacho de estos le damos que aprenda un nominativo de memoria, no lo tomará en dos ó tres días; y si es un pliego de papel escrito en metro para representar alguna comedia, á dos vueltas que le de se le fija en la cabeza. Estos se pierden por leer en libros de caballerías, en *Orlando,* Boscan, en *Diana* de Montemayor, y otros así; porque todas estas son obras de imaginativa.» (Loc. cit., pág, 449, col. 1.ª)

sofos naturales y morales que hubo en su tiempo,
aunque Platón dice que supo más de lo natural que
de lo divino; el cual vino á tanta pujanza de entendimiento (allá en la vejez), que se le perdió la imaginativa, por la cual razón comenzó á hacer y decir
dichos y sentencias tan fuera de término, que toda
la ciudad de Abdera le tuvo por loco, para cuyo remedio despacharon depriesa un correo á la isla de
Coos, donde Hipócrates habitaba, pidiéndole con
gran instancia, y ofreciéndole muchos dones, vinie-
se con gran brevedad á curar á Demócrito, que había
perdido el juicio. Lo cual hizo Hipócrates de muy
buena gana, porque tenía deseo de ver y comunicar
un hombre de cuya sabiduría tantas grandezas se
contaban. Y así se partió luego, y llegando al lugar
donde habitaba, que era un yermo debajo de un plá-
tano, comenzó á razonar con él, y haciéndole las preguntas que convenía para descubrir la falta que tenía en la parte racional, halló que era el hombre
más sabio que había en el mundo. Y así dijo á los
que lo habían traído que ellos eran locos y desatinados, pues tal juicio habían hecho de un hombre
tan prudente. Y fué la ventura de Demócrito, que
todo cuanto razonó con Hipócrates en aquel breve
tiempo, fueron discursos de entendimiento, y no de
la imaginativa, donde tenía la lesión„ (1).

---

(1) Ibid, pág. 412, col. 2.ª

Si la sobrina, el ama, el cura, el barbero y los ve-
cinos del lugar de la Mancha "de cuyo nombre no
quiero acordarme„, alarmados, como se alarmaron
de la locura del "*Ingenioso* Hidalgo„, en vez de conocer la causa de ésta, como la conocían, y hacer
espurgo y auto de fe de los libros destempladores,
hubieran llamado con urgencia á un Hipócrates de
entonces, y éste, en sus preguntas inquisitivas razo-
nara "en aquel breve tiempo„, "discursos de entendimiento y no de la imaginativa„, se hubiese mar-
chado de Argamasilla de Alba (si ese es el pueblo
omitido) como se marchó Hipócrates de Abdera, di-
ciéndoles "á los que lo habían traído que ellos eran
locos y desatinados, pues tal juicio habían hecho de
un hombre tan prudente„.

III.

El Licenciado Vidriera y el Examen de Ingenios.

Otro ejemplo del Doctor Huarte.—«Pero esto es cifra y caso de poco momento respecto de las delicadezas que dijo un paje de un grande de estos reinos estando maníaco, el cual era tenido en sanidad por mozo de poco ingenio, *pero caído en la enfermedad eran tantas las gracias que decía, los apodos, las respuestas que daba á lo que le preguntaban,* las trazas que fingía para gobernar un reino (del cual se tenía por señor), *que por maravilla le venían gentes á ver y oir,* y el propio señor jamás se quitaba de la cabecera rogando á Dios que no sanase; lo cual se apareció después muy claro porque, librado el paje de esta enfermedad, se fué el médico que le curaba á despedir del señor, con ánimo de recibir algún galardón ó buenas palabras; pero él le dijo de esta manera: «Yo os doy mi palabra (señor doctor) que de ningún mal suceso he recibido jamás tanta pena como de ver á este paje sano, *porque tan avisada locura no era* *razón trocarla por un juicio tan torpe como á éste le queda en sanidad:* paréceme que de cuerdo y avisado lo habéis tornado necio, que es la mayor miseria que á un hombre puede acontecer.» El pobre médico, viendo cuán mal agradecida era su cura, se fué á despedir del paje, y en la última conclusión de muchas cosas que habian tratado, dijo el paje: «Señor doctor, yo os beso las manos por tan gran merced como me habéis hecho en haberme vuelto mi juicio; pero os doy mi palabra, á fe de quien soy, que en alguna manera me pesa de haber sanado, porque *estando en mi locura vivía en la más alta consideración del mundo,* y me fingía tan gran señor, que no había rey en la tierra que no fuese mí feudatario, y que fuese mentira y burla, ¿qué importaba, pues gustaba tanto de ello como si fuese verdad? Harto peor es ahora que me hallo de veras *que soy un pobre paje, y que mañana tengo de comenzar á servir* á quien estando en mi enfermedad no lo recibiera por mi lacayo» (1). Por esto último que dice, advierte Huarte en una nota que «este paje aún no había sanado del todo».

Analogías y diferencias.— *Tomás Rodaja fué paje: «..... y que iba á la ciudad de Salamanca á buscar un amo á quien servir, por solo que le diese*

---

(1)   Ibid, pág. 431, col. 2.ª

estudio» (1); «movió á los dos caballeros á que le recibiesen y llevasen consigo» (2); «ya Tomás no era criado de sus amos, sino su compañero» (3).

En sanidad no era de poco ingenio, sino todo lo contrario.— «A pocos días lo vistieron de negro y á pocas semanas dió Tomás muestras de tener raro ingenio» (4); «se hizo tan famoso en la Universidad por su buen ingenio y notable habilidad, que de todo género de gentes era estimado y querido» (5). Su ingenio era tan excepcional, que contradice una de las doctrinas de Huarte, es una de las excepciones de esta doctrina, pues «tenía tan felice memoria, que era cosa de espanto, é ilustrábala tanto con su buen entendimiento, que no era menos famoso por él que por ella».

Tomás no se queda en paje, estudia y llega á Licenciado en Derecho.—Fué á Málaga con sus amos; quiso volver á sus estudios; júntase en el camino de regreso con el capitán Valdivia; lo invita éste á «sentar debajo de bandera»; acepta el pasar á Italia sin «ponerse en lista»; visita Génova, Luca, Florencia, Roma, Nápoles, Palermo, Mesina, Ancona, Venecia, Ferrara, Parma, Plasencia, Milán, Aste, Amberes,

(1) *Biblioteca de Autores Españoles*, t. I, pág. 148, col. 1.ª
(2) Ibid.
(3) Ibid.
(4) Ibid.
(5) Ibid.

Gante, Bruselas, regresa á España y vuelve á continuar en Salamanca sus estudios.

Tomás enloquece y adquiere celebridad. — La adquiere por «las gracias que decía, los apodos, las respuestas que daba á lo que le preguntaban», como le sucedió al paje del ejemplo de Huarte. A este paje «por maravilla le venían las gentes á ver y oir». Al *Licenciado Vidriera*, lo mismo. «Las nuevas de su locura y de sus respuestas y dichos se extendieron por toda Castilla» (1); «de toda la corte fué conocido en seis días» (2). El paje lo era de un grande, y mientras estuvo loco, «el propio señor jamás se quitaba de la cabecera». Al *Licenciado Vidriera* le sucede una cosa análoga: «y llegando á noticia de un príncipe ó señor que estaba en la corte, quiso enviar por él, y encargóselo á un caballero amigo suyo que estaba en Salamanca» (3). «El caballero gustó de su locura, y dejóle salir por la ciudad debajo del amparo y guarda de un hombre que tuviese cuenta que los muchachos no le hiciesen mal» (4).

El Licenciado Vidriera vuelve á la razón. — «Dos años ó poco más duró en esta enfermedad, porque un religioso de la orden de San Jerónimo, que tenía gracia y ciencia particular en hacer que los mudos

---

(1) Ibíd, pág. 150, col. 2.ª
(2) Ibid.
(3) Ibíd.
(4) Ibíd.

entendiesen y en cierta manera hablasen, y en curar locos, tomó á su cargo de curar á Vidriera, movido de caridad, y le curó y sanó, y volvió á su primer juicio, entendimiento y discurso» (1).

El señor del paje no le agradece al médico su locura, ni el público al fraile.—El fraile que sanó á Vidriera «le vistió como á letrado, y le hizo volver á la corte, adonde con dar tantas muestras de cuerdo, como las había dado de loco, podía usar su oficio, y hacerse famoso por él» (2).

No suceden las cosas de ese modo. Vidriera va á la corte «donde apenas hubo entrado, cuando fué conocido». Los muchachos «no le osaron dar grita ni hacer preguntas; pero seguíanle, y decían unos á otros: ¿éste no es el loco Vidriera? á fe que es él: ya viene cuerdo; pero también puede ser loco bien vestido como mal vestido: preguntémosle algo, y salgamos desta confusión».

«Todo esto oía el licenciado, y callaba, é iba más confuso y más corrido que cuando estaba sin juicio. Pasó el conocimiento de los muchachos á los hombres, y antes que el licenciado llegase al patio de los Consejos, llevaba tras de sí más de doscientas personas de todas suertes.»

Cómo el paje se duele de haber recobrado la razón,

---

(1) Ibid, pág. 154, col. 1.ª
(2) Ibid.

el Licenciado se lamenta á su modo de lo que le ocurre.
El Licenciado arenga al público que le sigue mani-
festándole que ha recobrado la razón, les dice que
es graduado en leyes por Salamanca y que «más la
virtud que el favor» le dió el grado que tiene. Les
anuncia que ha venido á ganarse la vida y que «por
las cosas que dicen que dije cuando loco, podéis
considerarlas qué diré cuando cuerdo». Les advierte
que si no lo dejan «habré venido á bogar y granjear
la muerte». Les suplica por Dios «que el seguirme
sea perseguirme, y que lo que alcancé por loco, que
es el sustento, lo pierda por cuerdo».

El Licenciado comienza á servir.—Fué inútil todo,
lo seguían y no valieron los sermones. «Perdía mucho, y no ganaba gran cosa, y viéndose morir de
hambre, determinó de dejar la corte y volverse á
Flandes, donde pensaba valerse de las fuerzas de
su brazo, pues no se podía valer de las de su ingenio» (1).

Errores críticos.—El Sr. Icaza, en su interesante investigación, deshace una de las más ca-
prichosas suposiciones acerca de la motivación de
El Licenciado Vidriera. Dice así:

«Entre las conjeturas descabelladas de Pellicer,
una de las que más se ha generalizado, pues la re-

_____

(1) Ibid, col. 2.ª

producen todos los críticos de las *Novelas*, es que Cervantes «se propuso en *El Licenciado Vidriera* ridiculizar la manía ó extravagancia del erudito humanista alemán Gaspar Barthio, traductor al latín de *La Celestina* y *La Diana Enamorada*, cuya aplicación vehemente á la lectura llegó á trastornarle la cabeza, viviendo diez años persuadido de que era de vidrio, sin querer, por esta aprensión, que nadie se le arrimase.»

«Navarrete, que hizo suya la idea de Pellicer, agregaba que era muy probable que Cervantes conociese y tratase á Barthio cuando éste estuvo en España, y que «parece indudable que fué aquel docto maniático á quien Cervantes se propuso copiar.»

Y *Rosell* llega á «presumir que muchos de los epígramas, equívocos y dichos sentenciosos del supuesto Vidriera, eran históricos desvaríos del maniático alemán.»

«Fouché-Delbox hace notar, con justicia, que ninguno de los biógrafos de Gaspar de Barthio dice que visitara á España antes de 1613, fecha de la publicación de las *Novelas*. La traducción de Aretino, hecha á la versión española de Fernán Xuárez, y las de *La Celestina* y *La Diana Enamorada*, que le dieron fama de hispanizante, se publicaron en 1623, 24 y 25; Barthio murió en 1658, y si la locura de que nos dan cuenta Pellicer y Navarrete fué debida á sus trabajos mentales, es seguro que no se declararía en plena juventud, sino en una edad avanzada (1). Además, de esa locura no dicen una palabra las biografías alemanas del autor de *Adversaria;* pero, aun dándola por cierta, ¿no es un incidente sin importancia?» (2).

La locura de Tomás Rodaja.—Tiene una

causa definida. La «dama de todo rumbo y manejo» que llegó á Salamanca y se enamoró de Tomás «viéndose desdeñada y á su parecer aborrecida, y que por medios ordinarios y comunes no podía conquistar la roca de la voluntad de Tomás, acordó de buscar otros modos á su parecer más eficaces y bastantes para salir con el cumplimiento de sus deseos; y así aconsejada de una morisca, en un membrillo toledano dió á Tomás unos destos que llaman hechizos, creyendo que le daba cosa que le forzase la voluntad á quererla.»

«Comió en tan mal punto Tomás el membrillo, que al momento comenzó á herir de pie y de mano como si tuviera alferecía, y sin volver en sí estuvo muchas horas, al cabo de las cuales volvió como atontado, y dijo con lengua turbada y tartamuda, que

---

(1)   Ya en 1631, Gaspar Ens, hispanizante alemán, como Barthio, había traducido al latín *El Licenciado Vidriera*, y en el libro no hay alusión alguna en apoyo del pretendido retrato.

(2)   Francisco A. de Icaza. *Las novelas ejemplares*, pág. 146. Madrid, 1901. Obra premiada por el Ateneo de Madrid.

un membrillo que había comido le había muerto, y declaró quién se lo había dado» (1).

«Seis meses estuvo en la cama Tomás, en los cuales se secó y se puso, como suele decirse, en los huesos, y mostraba tener turbados todos los sentidos; y

(1) La «dama de todo rumbo y manejo» que visitó Tomás en Salamanca «de cuya visita y vista quedó ella enamorada de Tomás», es de la misma familia novelesca que aquella Hipólita que se menciona en el Capítulo VII del Libro IV de los *Trabajos de Persiles y Segismunda*, dama cortesana, que en riquezas podía competir con la antigua Flora y en cortesía con la misma buena crianza», y que se enamora de Periandro, como la otra dama de Tomás.

A las dos damas, con relación á uno y á otro galán, les concierne lo que de la primera se dice: «Finalmente, ella le descubrió su voluntad y le ofreció su hacienda.»

Las dos son desdeñadas, porque con relación á Tomás, «como él atendía más á sus libros que á otros pasatiempos, en ninguna manera respondía al gusto de la señora», y con relación á Periandro «¿no sería posible que este mozo tuviese en otra parte ocupada el alma?»

Dado el primer motivo, la de Salamanca «aconsejada de una morisca, en un membrillo toledano dió á Tomás uno destos que llaman hechizos», y la de Roma al llegar á su casa «halló á Zabulon, con quien comunicó todo su disinio, confiada en que tenía una mujer de la mayor fama de hechicera que había en Roma, pidiéndole, habiendo antes precedido dádivas y promesas, hiciese con ella, no que mudase la voluntad de Periandro, pues sabía que esto era imposible, sino que enfermase la salud de Auristela, y con limitado término, si fuese menester, le quitase la vida». (Loc. cit., pág. 580, col. 2.ª)

El novelista procede según sus finalidades, y cuando le conviene volver loco á Tomás, para que diga cuantas verdades tiene que decir, lo hace, y cuando le conviene que Auristela pierda transitoriamente su hermosura para espantar á los pretendientes, quedando incólume la lealtad del preferido, lo hace de igual modo.

Los incidentes y los recursos novelescos son siempre los mismos, aunque le hicieron los remedios posibles, sólo le sanaron la enfermedad del cuerpo, pero no la del entendimiento, porque quedó sano y loco de la más extraña locura que entre las locuras hasta entonces se había visto.»

En las causas no es igual la locura del «*Ingenioso Hidalgo*» que la de Tomás; en la modalidad sí. Corresponde—según la doctrina de Huarte—a una lesión de la imaginativa, con verdadera lozanía de entendimiento.

«Imaginóse el desdichado que era todo de vidrio, y con esta imaginación cuando alguno se llegaba á él daba terribles voces, pidiendo y suplicando con palabras y razones concertadas que no se le acercasen, porque le quebrarían, que real y verdaderamente él no era como los otros hombres, que todo era de vidrio de pies á cabeza.»

Y no valían experimentos para convencerlo de lo contrario.

«Para sacarle desta extraña imaginación, muchos sin atender á sus voces y rogativas arremetieron á él y le abrazaron, diciéndole que advirtiese y mirase cómo no se quebraba. Pero lo que se granjeaba en esto era que el pobre se echaba en el suelo, dando mil gritos, y luego le tomaba un desmayo, del cual no volvía en sí en cuatro horas, y cuando volvía era renovando las plegarias y rogativas de que otra vez no llegasen.»

En suma: lo que en la imaginación del «*Ingenioso Hidalgo*» era ser caballero andante, en la de Tomás era ser «todo hecho de vidrio».

El símbolo y la sutilidad del ingenio.—

Que Cervantes tiene una marcada tendencia á simbolizar las cosas, puede probarse, aunque la materia requiere un especial y detallado estudio. Por ahora, nos limitaremos á las pruebas que tienen alguna relación con el asunto que tratamos, reservando la última para la parte final de este estudio.

Lo de imaginarse Tomás que «todo era de vidrio de pies á cabeza», ¿es una representación hecha á modo simbólico?

Seguramente. Se colegirá compulsando la doctrina que Cervantes pone en boca de Tomás, y los textos del doctor Juan Huarte.

«Decía que le hablasen desde lejos y le preguntasen lo que quisiesen, porque á todos les respondería con más entendimiento, por ser hombre de vidrio y no de carne, que el vidrio, por ser de *materia sutil y delicada*, obra por ella el alma *con más prontitud y eficacia*, que no por la del cuerpo pesada y *terrestre*» (1).

Texto de Huarte: «Las muchas fuerzas corporales arguyen mucha *tierra* en los nérvios y músculos, porque sin *dureza* y sequedad no pueden obrar con

(1) Loc. cit. pág. 150, col. 1.ª

firmeza; por lo contrario, tener buen sentido y vivo tacto, es indicio que los nervios están compuestos de partes *ácreas, sutiles y muy delicadas»* (1).

Este texto antecede al párrafo en que se trata de lo ocurrido en Abdera con Demócrito é Hipócrates.

Otro texto de Huarte: «Que el *ingenio sutil* es señal que el cerebro está hecho de *partes sutiles y muy delicadas,* y si el entendimiento es tardo, arguye gruesa sustancia» (2).

Otro texto: «Y debe ser causa que el entendimiento ha menester que el cerebro esté compuesto de partes *sutiles y muy delicadas,* como atrás lo probamos, de Galeno (Libro *Árt. med.,* capítulo XII), y el mucho calor gasta y consume lo más delicado y deja lo *grueso y terrestre»* (3).

Más textos se podían añadir; ¿pero hacen falta? ¿No se ve con toda claridad la huella de la doctrina en que Cervantes se inspiró?

Otra huella señalaremos en el *Persiles y Segismunda,* donde se verá cómo Cervantes, simbolizando una doctrina de Huarte, hace un episodio dramático de mucha representación.

En el caso que nos ocupa, Cervantes convierte en representación plástica una teoría científica, y lo mismo en el que acabamos de aludir.

(1) Ibid, pág. 412, col. 1.ª
(2) Ibid, pág. 427, col. 2.ª
(3) Ibid, pág. 437, col. 1.ª

Su personaje, Tomás Rodaja, es un *ingenio sutil*, que siendo muchacho, y al empezar á ser paje, dió «muestras de *tener raro ingenio*»; que «se hizo tan famoso en la Universidad por su *buen ingenio y notable habilidad*, que de todo género de gentes era estimado y querido»; que «tenía tan feliz memoria, que era cosa de espanto, é ilustrábala tanto con su buen entendimiento, que no era menos famoso por él que por ella»; que haciendo el viaje de camarada con el caballero, «á pocos lances dió Tomás muestras de su *raro ingenio*»; que el capitán D. Diego de Valdivia estuvo «contentísimo de la buena presencia, ingenio y desenvoltura de Tomás»; que ya estando loco «respondió espontáneamente, con *grandísima agudeza de ingenio*, cosa que causó admiración á los más letrados de la Universidad y á los profesores de la Medicina y Filosofía, viendo que en un sujeto donde se contenía tan extraordinaria locura como el pensar que fuese de vidrio, se encerrase tan grande entendimiento, que respondiese á toda pregunta con propiedad y agudeza»; y, en en fin, que Tomás Rodaja vino al mundo de la novela para decir cosas de ingenio, como son todas las que dice, y de todo el acervo social, mientras está loco, y con gran contentamiento de las gentes que lo celebran y acompañan.

Resulta, pues, con evidencia incuestionable, que el tipo de Tomás Rodaja se lo inspiró á Cervantes el paje de Huarte, y con ello los trazos generales de la acción, y que el símbolo de la locura de éste, lo de ser «todo hecho de vidrio», está inspirado de igual modo en la doctrina y en los textos señalados del *Examen de Ingenios.*

Cervantes y Mateo Alemán.—Dice Icaza en una de sus siempre discretas consideraciones, que en su opinión, «digan lo que quieran los copistas y continuadores de Pellicer y Navarrete, *El Licenciado Vidriera* no es sino un pretexto de Cervantes para publicar sus *Apotegmas*» (1).

Habla seguidamente de lo acostumbrado en otros tiempos acerca de la publicación de dichos agudos, y cita *Las seiscientas apotegmas de Juan Rufo.* "A tal clase de obras pertenece *El Licenciado Vidriera,* y el que lo dude se podrá convencer de ello comparándola con sus congéneres.„

Está bien, pero es necesario advertir una cosa de mucha esencia, y es que los apotegmas que Cervantes pone en boca de su *Licenciado,* se refieren todos, excepto algún que otro incidente meramente ingenioso, á crítica social de tipos y de costumbres sociales.

Por eso nosotros variamos la comparación, recomendando que se haga la compulsa con las consideraciones filosóficas intercaladas en la novela de Ma-

(1) Loc. cit., pág. 150.

teo Alemán, *Guzmán de Alfarache,* y otros textos de
la misma, que no tienen otra finalidad que la censura de las costumbres.

Cervantes pone en acción y en apotegma lo que
Mateo Alemán en consideraciones más difusas. El
estilo varía, la esencia no.

Que Mateo Alemán influyó en Cervantes, es cosa
que se puede justificar con algunas pruebas, pero que
no es propio de este sitio, y aún más concretamente
se pueden definir las coincidencias de régimen indi-
cativo entre lo que *El Licenciado Vidriera* señala y
lo que Mateo Alemán apunta.

Hasta parecería una alusión contra el autor de
la *Atalaya humana,* lo que Cervantes dice de los
escribanos, es decir, lo que dice *El Licenciado Vidriera.* "Paréceme á mí que la gramática de los mur-
muradores; y el la, la, la, de los que cantan, son los
escribanos, porque así como no se puede pasar á otras
ciencias, si no es por la puerta de la gramática, y
como el músico primero murmura que canta, así los
maldicientes por donde comienzan á mostrar la ma-
lignidad de sus lenguas, es por decir mal de los escribanos y alguaciles, y de los otros ministros de la
justicia, siendo un oficio el del escribano, sin el cual
andaría la verdad por el mundo á sombra de tejados,
corrida y maltratada„ (1).

_____

(1) Loc. cit., pág. 153, col. 1.ª

Precisamente Mateo Alemán, en el primer capítulo de su libro, habla mal de todas estas cosas, y señaladamente de los escribanos. "Digo, que tener compadres escribanos, es conforme al dinero con que cada uno pleitea; que en robar á ojos vistos tienen algunos el alma de gitano, y harán de la justicia el juego de pasa, pasa, poniéndola en el lugar que se les antoje, sin que las partes lo puedan impedir, ni los letrados lo sepan defender, ni el juez juzgar."

Y aún añade consideraciones más duras, poniéndolas en boca de un docto predicador "que en la iglesia de San Gil, de Madrid, predicó á los señores del Consejo Supremo" un viernes de cuaresma. "Fué discurriendo por todos los ministros de justicia hasta llegar al escribano, al cual dejó de industria para la postre, y dijo: "aquí ha parado el carro, metido y sonrodado está en el lodo; no sé como salga si el ángel de Dios no revuelve la piscina." Sigue diciendo las cosas más acerbas, hasta concluir en que cuando algún escribano se salva, "al entrar en la gloria dirán los ángeles unos á otros llenos de alegría: *Lœtamini in Domino*, escribano en el cielo, fruta nueva, fruta nueva" (1).

Pero, en fin, de lo que se trata es de una advertencia orientadora, no de un señalamiento para probar sin dilación.

_____

(1) Mateo Alemán: *Guzmán de Alfarache*, B. A. E., pág. 190, col. 1.ª

Lo que se quiere decir es que en la complejidad de influjos que se señalan en la formación y determinaciones de *El Licenciado Vidriera,* uno de ellos puede ser muy bien el que ahora apuntamos.

Los dos elementos accionales de esta obra son los viajes instructivos por Italia acompañando á un capitán, cosa que en una parte de sus aventuras también le sucede á *Guzmán de Alfarache,* y su perturbación mental para realizar el dicho de que los niños y los *locos,* "dicen las verdades.„

IV.

Una imitación del Examen de «Ingenios hecha por Cervantes.»

Una variación de estilo en «Galatea».— Al que leyere con detenimiento esta primera obra de Cervantes, le ha de sorprender, de seguro, en el Libro IV, en los discursos defendiendo y combatiendo la pasión amorosa, que pronuncian los pastores Lenio y Tirsi, una variación del estilo que en toda la obra campea, y aunque no tenga motivo alguno para opinar que los tales discursos son de otra mano que la que escribió la obra en conjunto, seguramente creerá que en ese momento se significa el influjo de otra inspiración.

En *Galatea,* como se dice en el Libro II, siempre se está «hablando en diversas cosas aunque todas enamoradas» (1).

Unas veces, en los episodios intercalados en la escena principal que se desarrolla en la Arcadia de

---

(1) *Biblioteca de Autores Españoles,* loc. cit. 22, col. 1.ª

las riberas del Tajo, y también en las del Henares, se comprueba la afición de Cervantes por lo trágico, siendo ejemplo notorio en el Libro I los amores de Lisandro y Leónida y la tragedia, la *vendetta* á que da lugar.

Otras veces, lo novelesco en forma de aventuras, adquiere caballerescas proporciones, como ocurre en el Libro II con la hermandad amistosa de Timbrio y Silesio, que alcanza mayor ponderación en el Libro III con los amores accidentados de Timbrio y Nisida y que todavía se encrespa al seguir en el Libro V el cuento de lo que les sucede á Timbrio, á Nisida y á Blanca en su encuentro casual en un bajel, en la lucha contra quince bajeles contrarios, en los nueve sangrientos asaltos que resisten, en su prisión en la nave del general Arnaut Mami, en el peligro que Nisida corre solicitada de su amo, en la tormenta que inopinada surge y en el encallamiento del bajel en las costas de Cataluña.

No es menor maravilla, ó mejor dicho, no está menos en la jurisdicción de lo maravilloso y sorprendente, el recurso de que Teodolinda y Leonarda, dos hermanas, tengan tal parecido, que sólo ellas mismas, considerando su personalidad, sus gustos é inclinaciones, sean capaces de poderse distinguir, y que lo mismo les suceda á otros dos hermanos, Artidoro y Galercio; y que por este parecido Artidoro y Leonarda se casan, burlando ésta á Teodolinda, que sigue desesperada al semejante de su amor á Galercio, enamorado locamente de una pastora arisca. Todo esto se justifica y se arregla muy convencionalmente con decir «que tal maravilla como la de parecernos yo á tí, y Galercio á Artidoro, no se había visto en el mundo» (1).

Este recurso, de los que se pueden llamar *pareados de semejanza,* se comporta y se combina muy bien con los *pareados de contraste,* á que Cervantes recurrió más de una vez, en ésta y en otras de sus composiciones.

Un pareado de semejanza en la amistad y en el desdén, pues ambos desdeñan el amor, lo representan Gelasia, la pastora que desdeña á Galercio y el pastor Lenio que se pasa la vida cantando canciones contra el amor, hasta que sigue á Gelasia y se enamora de ella, lo que viene á ocurrir precisamente en el momento en que el pastor Lauro, cansado de esquiveces, viene á desamorarse y á ocupar en este sentido la vacante representativa de Lenio y poder decir, para justificar la fábula y convencer al lector, que «ha hecho amor en estos días dos de los mayores milagros, que en todos los de su vida ha hecho: como son, rendir y avasallar el duro corazón de Lenio y poner en libertad el tan sujeto mío» (2).

Los pastores de la *Galatea,* son, en general muy

---

(1) Loc. cit., pág. 49, col. 2.ª
(2) Ibid, pág. 75, col. 2.ª

buenas personas, algún tanto candorosos é infanti-
les, no por ellos mismos, sino por el arte que los engendró y que reducía los asuntos pasionales á una
psicología simbolizada muy elemental, consistente
en huir, como los niños huyen cuando son contraria-
dos, en resignarse y esperar como lo hacen también
los niños, sobre todo si se exagera mucho la docilidad humana, y en expresarse muy aparatosamente,
con extremosas rigideces de expresión, que son ca-
racterísticas de todas las obras de la primera y aun
de la segunda infancia.

Como prueba de una de las manifestaciones ex-
presivas de la pasión, que en la infancia de los pueblos y de las literaturas, toma aspectos simbólicos,
puede citarse la singular manifestación amorosa de
Gelasia. «Volvieron todos los ojos á la parte que la
pastora señalaba, y vieron que al pie de un verde
sauce estaba arrimada una pastora, vestida como
cazadora ninfa, con una rica aljaba que del lado le
pendía y un encorvado arco en las manos, con sus
hermosos y rubios cabellos cogidos con una verde
guirnalda: el pastor estaba ante ella de rodillas *con
un cordel echado á la garganta y un cuchillo desenvainado en la derecha mano*, y con la izquierda tenía asi-
da á la pastora de un blanco cendal, que encima de
los vestidos tenía» (1). No se crea que Gelasia fué la

_____

(1) Loc. cit., pág. 59, col. 2.ª

que echó el cordel á la garganta de Galercio, ni la que le puso el cuchillo desenvainado en la mano derecha: todo esto lo hizo el amor con las violencias del desdén. Es el símbolo de la disyuntiva «ó el amor ó la muerte,» y por eso dice Galercio después de suplicar que lo amen:» y aún será posible que tú no quieras apretar este lazo que á la garganta tengo, ni atravesar este cuchillo por medio de este corazón que te adora.»

Otra cosa tienen los pastores de la *Galatea*, y más señaladamente que ninguna otra propensión, y es la de ser exageradamente *zarzueleros*, como se diría en la mejor época de la zarzuela para indicar la transición del diálogo á la música, toda vez que al preguntar un personaje: «¿Y cómo ocurrió?» su interlocutor le respondía: «Te lo diré,» ya bajo el influjo de la batuta y de la orquesta y cantando. ¡Las veces que se repite un caso análogo en la primera novela de Cervantes! Lo obligaba el precepto de tal literatura y, sobre todo, su incorregible pasión por la métrica.

El régimen de lo trágico, de lo novelesco en aventuras singulares, de lo maravilloso en contrastes y en semejanzas, de lo exageradamente violento y rígido ó de lo exageradamente contemplativo y apacible en la manifestación de los afectos amorosos, y el discretar cantando, es lo que constituye la modalidad de esta obra, juzgada por su mismo autor en el espurgo de la biblioteca del «*Ingenioso* Hidalgo» al decir que «tiene algo de buena invención, propone algo, y no concluye nada.»

Entre lo de buena invención señalaré, según mi cuenta, los discursos de los pastores Lenio y Tirsi en la academia improvisada en sitio frondoso para sestear. Y bueno es advertir que Cervantes hubiera ocupado un lugar escogido en la oratoria, si se juzga por las oraciones que hace pronunciar á algunos de sus personajes. Los discursos de Don Quijote, cuando discurre con el entendimiento, no con la imaginativa, encantan á su público, el figurado y el real. El discurso del jitano viejo, sobre la vida jitana, en la *Jitanilla*, es de singular elocuencia. Los discursos de los pastores Lenio y Tirsi, quebrantan la hipérbole, disipan el ambiente de lo maravilloso y lo ficticio, alejan el efectismo, y con la eficacia del razonamiento bien enlazado, aquietan los despropósitos pasionales y llevan el orden y la serenidad al pensamiento.

Constituyen, en una palabra, una variación de estilo, y si el estilo general de la obra puede atribuirse á cierto género de moldes, la variación de estilo corresponderá de igual modo á que el autor haya sido de otra manera orientado.

Y esto es lo que vamos á ver si se demuestra.

Los discursos de Lenio y Tirsi.—Lenio habla «confiado que á las veces la fuerza del natural ingenio adornado con algún tanto de experiencia, suele descubrir nuevas sendas, con que facilitan las ciencias por largos años sabidas» (1).

Es una teoría, la que en este fragmento se desenvuelve, que, sin violencia alguna se puede referir á la manera de discurrir y de pensar de Huarte.

En el siguiente fragmento, en que se formula una teoría estética, también se deja conocer el orden metódico de este mismo autor.

«Y porque la belleza es *en dos maneras*, corpórea é incorpórea, el amor que la belleza corporal amare como último fin suyo, este tal amor no puede ser bueno, y éste es el amor de quien yo soy enemigo; pero como la belleza corpórea se divide asimismo en dos partes, que son en cuerpos vivos y en cuerpos muertos, también puede haber amor de belleza corporal que sea bueno. Muéstrase la una parte de la belleza corporal en cuerpos vivos de varones y hembras, y ésta consiste en que todas las partes del cuerpo sean de por sí buenas, y que todas juntas hagan un todo perfecto, y formen un cuerpo proporcionado de miembros y suavidad de colores» (2).

Lo propio se puede colegir de lo que sigue:

«Son pues las pasiones del ánimo, como mejor vosotros sabéis, discretos caballeros y pastores, cua-

---

(1) Ibid, pág. 52, col. 2.ª
(2) Ibid, pág. 53, col. 1.ª

tro generales, y no más. Desear demasiado, alegrarse mucho, gran temor de las futuras miserias, gran dolor de las presentes calamidades; las cuales pasiones por ser como vientos contrarios, que la tranquilidad del ánima perturban, con más propio vocablo perturbaciones son llamadas; y destas perturbaciones la primera es propia del amor, pues el amor no es otra cosa que deseo: y así es el deseo principio y origen de todas nuestras pasiones, de do proceden como cualquier arroyo de su fuente. Y de aquí viene que todas las veces que el deseo de alguna cosa se enciende en nuestros corazones, luego nos mueve á seguirla y á buscarla, y buscándola y siguiéndola, á mil desordenados fines nos conduce» (1).

No obstante, se podría decir, y con razón, que en estos alegatos la prueba no aparece señaladamente, como es necesario para producir el convencimiento firme, y esto sería verdad y dejaría las cosas en suspenso, como queda todo lo opinable, aunque á los buenos conocedores no les cupiera duda acerca de lo muy razonable de nuestro parecer.

Afortunadamente, si en el discurso de Lenio no hay exceso de sinceridad reveladora, lo hay en las palabras del amigo de Darinto, y tanto que se puede afirmar que el método que Cervantes sigue en la exposición de las doctrinas que en uno y otro dis-

_____

(1) Ibid.

curso se sustentan, lo aprendió de Huarte, demostrándose que conocía el *Examen de Ingenios*, ó antes de escribir la *Galatea* ó cuando la redactaba.

Para probarlo nos bastará analizar las frases del amigo de Darinto, referentes á estos discursos.

Considerando, como en otro lugar de la obra se dice, al elogiar el discurso de Lenio, «que de más de pastoril ingenio parecían las razones y argumentos» (1), formula la siguiente explicación:

«Pero no me maravillaría yo tanto desto, si fuese de aquella opinión del que dijo *que el saber de nuestras almas era acordarse de lo que ya sabían, presuponiendo que todas se crían enseñadas:* mas cuando veo que debo seguir el otro mejor parecer del que afirmó *que nuestra alma era como una tabla rasa, la cual no tenía ninguna cosa pintada,* no puedo dejar de admirarme de ver cómo haya sido posible que en la compañía de las ovejas, en la soledad de los campos, se puedan aprender las ciencias, que apenas saben disputarse en las nombradas universidades: si yo no quiero persuadirme á lo que primero dije, que el amor por todo se extiende, y á todos se comunica; al caido levanta, al simple avisa y al avisado perfecciona» (2).

Los dos principios en que se funda el amigo de

---

(1) Ibíd, pág. 43, col. 1.ª
(2) Ibíd, pág. 58, col. 1.ª

Darinto están expuestos en la doctrina de Huarte y en el capítulo VII, que ya hemos mencionado con el significativo título: «Donde se prueba que del alma vegetativa, sensitiva y racional son sabias, sin ser enseñadas de nadie, teniendo el temperamento con-veniente que pidan sus obras.»

Por tener bien acondicionado el temperamento de las cuatro calidades primeras, en el punto per-fecto que puede tener, «saben las plantas formar raíces en la tierra, y por ellas traer el alimento, re-tenerle, cocerle y expeler los excrementos; y los bru-tos conocen luego, en naciendo, lo que es convenien-te á su naturaleza, y huyen de lo que es malo y no-civo. Y lo que más viene á espantar á los que no saben filosofía natural, es que el hombre, teniendo el cerebro bien templado y con la disposición que alguna ciencia ha menester, repentinamente, y sin jamás haberla aprendido de nadie, dice y habla en ella cosas tan delicadas que no se pueden creer» (1). Los filósofos vulgares llaman á esto instinto. «Y en esto dicen muy bien —añade Huarte— porque ya hemos dicho y probado que naturaleza no es otra cosa más que el temperamento de las cuatro calida-des primeras, y que éste es el maestro que enseña á las ánimas cómo han de obrar; pero ellos llaman ins-tinto de naturaleza á cierta maraña de cosas que su-

(1) Loc. cit., pág. 428, col. 2.ª

ben de tejas arriba, y jamás lo han podido explicar ni dar á entender.»

Aún insiste más en la demostración, que no puede ser del todo seguida sin leer todo el capítulo; pero como no lo hemos de copiar, y como queremos dejar apuntes de la doctrina de Huarte, recogeremos algún que otro ejemplo de los más significativos.

«El medio que tuvo Galeno para contemplar y conocer por vista de ojos la sabiduría del ánima sensitiva, fué tomar un cabrito luego en naciendo, el cual puesto en el suelo comenzó á andar, como si le hubieran enseñado y dicho que las piernas se habían hecho para tal uso, y tras esto se sacudió de la humedad supérflua que sacó de la madre, y alzando el pie se rascó tras la oreja, y poniéndole muchas escudillas delante con vino, agua, vinagre, aceite y leche, después de haberlas olido todas, de sola la leche comió. Lo cual visto por muchos filósofos, que á la sazón se hallaron presentes, á voces dijeron: «Gran razón tuvo Hipócrates en decir que las ánimas eran sabias sin haber tenido maestro.» Y no sólo se contentó Galeno con esto, pero pasados dos meses le sacó al campo muerto de hambre, y oliendo muchas yerbas, de sólo aquéllas comió que las cabras suelen pacer» (1).

«De donde se infiere que, pues la temperatura

---

(1) Ibid, pág. 429, col. 2.ª

de las cuatro calidades primeras es la razón y causa por donde un bruto animal hacer mejor obras de su especie que otro, que el temperamento es el maestro que enseña al ánima sensitiva lo que ha de hacer. Y si Galeno considerara las sendas y caminos de la hormiga, y contemplara *su prudencia, su misericordia, su justicia* y gobernación, se le acabara el juicio viendo un animal tan pequeño con tanta sabiduría, sin tener preceptor ni maestro que le enseñe; pero sabida la temperatura que la hormiga (1) tiene en su cerebro, y viendo cuán apropiada es para sabiduría, como adelante se mostrará, cesará el admiración, y entenderemos que los brutos animales, con el temperamento de su cerebro y con los fantasmas que les entran por los cinco sentidos, hacen los discursos y habilidades que les notamos. Y entre los animales de una misma especie, el que fuere más disciplinado ó ingenioso nace de tener el cerebro más bien templado. Y si por alguna ocasión ó enfermedad se le alterase el buen temperamento del cerebro, perdería luego la prudencia y habilidad, como lo hace el hombre» (2).

_____

(1) « *Vade ad formicam, oh piger, et considera viam ejus, et disce sapientiam quæ cum non habent ducem neque præceptorem præparat in æstate cibum sibi et congregat in messe quod comedat* (*Proverbio,* capítulo VI). Un cazador me afirmó con juramento que tuvo un alcón habilísimo en la caza, y que se le tornó loco, para cuyo remedio le dió un botón de fuego en la cabeza y sanó.»

(2) Ibid, pág. 430, col. 1.ª

Pero si siguiéramos copiando diez líneas más, nos encontraríamos inmediatamente con la señalada coincidencia entre las consideraciones del amigo de Darinto y el *Examen de Ingenios*, y como esta demostración es la que seguramente ansiará el que lea, no la demoraremos ni un instante.

El que dijo lo primero á que se refiere el amigo de Darinto, fué Platón. El que dijo lo segundo fué Aristóteles. Quien expone una y otra opinión es Huarte, y las critica.

Primera opinión del amigo de Darinto: *Que el saber de nuestras almas era acordarse de lo que ya sabían, presuponiendo que todas se crían enseñadas.*

Primer texto de Huarte: "El uno dice (1) que nuestra ánima racion
po, porque antes que
taba ya ella en el cie
de salió llena de cien
á formar la materia, ɪ
ella halló, las perdió
tiempo, se vino á enm
sucedió otra en su lu;
dada á las ciencias ɩ
acordarse de lo que ya

_____

(1) Este uno es Platón. Lo dice el párrafo que precede al texto. «Entre Platón y Aristóteles hay una cuestión muy reñida sobre averiguar la razón y causa de dónde puede nacer la sabiduría del hombre.»

(2) Ibid, pág. 430 col. 1.ª

Sigue un párrafo que comienza "Esta opinión es falsa,,..... é inmediatamente, en párrafo aparte, se expone la segunda opinión.

Segunda opinión del amigo de Darinto: *Que nuestra alma era como una tabla rasa, la cual no tenía ninguna cosa pintada.*

Segundo texto de Huarte: "Aristóteles echó por otro camino, diciendo: *Omnis doctrina, omnique ex præxistenti sit cognitione.* Como si dijera, todo cuanto saben y aprenden los hombres nace de haberlo oído, visto, olido, gustado y palpado; porque ninguna noticia puede haber en el entendimiento que no haya pasado primero por alguno de los cinco sentidos, y así dijo que estas potencias salen de las manos de naturaleza *como una tabla rasa, donde no hay pintura ninguna,,* (1).

La prueba es terminante: no da lugar á ningún género de vacilación. Demuestra una vez más que el autor de la *Galatea* conocía muy bien el *Examen de Ingenios*, pues no es de suponer que acertara abriendo el libro al acaso, á dar en el capítulo VII con el texto preciso que le pudiera convenir.

Leyó el libro de cabo á rabo más de una vez, y le impresionó tan hondamente, que, no sólo le hizo variar de estilo y de método en los razonamientos de los dos pastores que combaten y defienden el amor,

---

(1) Ibid, col. 2.ª

y en la mención y generalización de alguna doctrina, como las que nos han servido de compulsa, sino que el conjunto de la obra, en su finalidad, la de que "había de haber diputados en la república, hombres de gran prudencia y saber, que en la tierna edad descubriesen á cada uno su ingenio„ (1), le movió á terminar la *Galatea* con un *Examen de Ingenios* de los literatos de su tiempo, que podían ser dignos de alcanzar glorioso y apacible panteón para su fama, junto á la sepultura de Meliso.

La demostración de esto es el remate de esta cuarta y afortunada prueba.

Otra variación de estilo.—El libro IV de la *Galatea* es calificable, con el juicio de Cervantes, entre los que tienen "algo de buena invención„. Cervantes es un gran poeta en prosa y desenvuelve en este lugar un asunto grandemente poético. Los pastores de las riberas del Tajo se congregan para celebrar en sencilla y fervorosa manifestación el aniversario de la muerte de Meliso, y acuden todos á la voz del sacerdote, á reverenciar su sepultura y á velarla.

Ya reinaba la quietud del sueño cuando "en aquel instante de la mesma sepultura de Meliso se levantó

---

(1) Ibid, Proemio. *A la Majestad del Rey Nuestro Señor Don Felipe II*, pág. 403, col. 1.ª

un grande y maravilloso fuego, tan luciente y claro, que en un momento el escuro valle quedó con tanta claridad, como si el mesmo sol lo alumbrara„ (1).

Las llamas, que surgieron de la sepultura del poeta amado, se dividen en dos, y en medio de ellas "parecía una tan hermosa y agraciada ninfa„.

No se asustan los congregados, aunque se asombren, "porque una de las razones por do se conoce ser una visión buena ó mala—manera de razonar de Huarte—es por los efectos que hace en el ánimo de quien la mira„ (2).

La ninfa ó musa es Caliope, y les habla á aquellos "cuyo loable ejercicio es ocuparse en la maravillosa y jamás como debe alabada ciencia de la poesía„ y de quienes dice "que en la alegre ciencia de la poesía á todos los de la otra ribera se aventajan.

Viene Caliope á decir esta y otras muchas excecelencias poéticas, pero en definitiva ejerce su papel, no de inspirar, sino de juzgar, como delegada del padre Apolo, á los que han gozado de su altísimo numen, y previo su discurso y advertencias, termina por ser examinadora de ingenios en octavas reales.

El Examen de Ingenios de Caliope.—La examinadora prepara á sus oyentes, al fin de su dis-

(1) Ibid., pág. 80, col. 2.ª
(2) Ibid., pág. 81, col. 1.ª

curso y antes de empezar los endecasílabos, explicándoles el argumento del siguiente modo: "y así me parece que será bien daros alguna noticia agora de algunos señalados varones que en esta vuestra España viven, y algunos en las apartadas Indias á ella sujetas, los cuales, si todos ó alguno dellos su buenaventura le trujere á acabar el curso de sus días en estas riberas, sin duda alguna le podéis conceder sepultura en este famoso sitio: junto con esto os quiero advertir, que no entendáis que los primeros que nombrare son dignos de más honra que los postreros, porque en esto no pienso guardar orden alguna, que puesto *que yo alcanzo la diferencia que el uno al atro, y los otros á los otros hacen*, quiero dejar esta declaración en duda; *porque vuestros ingenios en entender la diferencia de los suyos* tengan en qué ejercitarse, de los cuales darán testimonio sus obras, (1).

Las subrayadas locuciones que Caliope emplea, son de Huarte. Ella lo sabe, pero quiere también «dejar esta declaración en duda», para que los ingenios «tengan en qué ejercitarse». De agradecer es que el nuestro, menesteroso y humilde, haya tenido ocasión de ser utilizado en una rebusca nada más, pero también en una buena causa.

Diferencia de ingenio es en Huarte algo más que una locución; es la doctrina de su obra. En el capí-

(1) Ibid.

tulo I, para que no quede duda, «Donde se declara
qué cosa es *ingenio* y cuántas *diferencias* se hallan
de él en la especie humana», empieza á consignarse.
En el capítulo II, «Donde se declara las *diferencias*
que hay de hombres inhábiles para las ciencias», se
continúa tratando la cuestión y se dice, entre otras
cosas congruentes, que «es de saber que á las *tres
diferencias de ingenio* que pusimos en el capítulo pasado, corresponden otros géneros de habilidad» (1).

De manera que la locución es tan genérica, que
se repite indefinidamente. Ejemplos: «ni cuántas diferencias de ingenio se hallan en la especie humana» (2); «la diferencia de ingenio que esta ciencia ha
menester» (3); «ver probado cuán miserable diferencia de ingenio le cupo» (4); «de muchas diferencias
de ingenio que hay en la especie humana» (5); «á
cada diferencia de ingenio le corresponde» (6); «más
que una diferencia de ingenio» (7); «según la diferencia de ingenio que cada uno tiene» (8); «distinguir y conocer estas diferencias naturales del ingenio humano» (9); «á estos dos géneros de docilidad

---

(1) Ibid, pág. 412, col. 2.ª
(2) Ibid, pág. 403, col. 2.ª
(3) Ibid.
(4) Ibid, pág. 404, col. 1.ª
(5) Ibid.
(6) Ibid.
(7) Ibid.
(8) Ibid
(9) Ibid, pág. 405, col. 1.ª

corresponden dos diferencias de ingenio» (1); siguen muy juntas, y con poca variante, seis menciones de «diferencia de ingenio» (2); «esta diferencia
de inhabilidad ó de ingenio» (3); «pero aun en lugares que no distan más que una pequeña legua, no se
puede creer la diferencia que hay de ingenios entre
los moradores» (4), etc., etc.

¿Para qué más testimonios?

Lo de *«yo alcanzo la diferencia»*, está también en
las locuciones de Huarte.

Basten las siguientes citas de una misma página
y columna: «Y si en algunos se había de hallar esta
diferencia de ingenio, era en estos ilustres varones,
y pues ninguno de ellos la *alcanzó*»..... «Lo mismo
pasa en esta diferencia de ingenio, que aunque no
se puede *alcanzar* tan perfecta.....» «A lo menos Galeno cuenta de sí que *alcanzó* esta diferencia de ingenio.....» (5).

Con lo de *entender la diferencia* pasa lo propio,
pudiéndose señalar muchas variantes. Por ejemplo:
«distinguir y conocer estas diferencias naturales del
ingenio humano» (6).

---

(1) Ibid, pág. 411, col. 1.ª
(2) Ibid, una en la pág. 411, col. 1.ª, cuatro en la ídem, col. 2.ª,
y una en la 412, col. 1.ª
(3) Ibid, pág. 414, col. 2.ª
(4) Ibid, pág. 420, col. 2.ª
(5) Ibid, pág. 411, col. 2.ª
(6) Ibid, pág. 405, col. 1.ª

La ciencia y la poesía. —Otro influjo de Huarte se señala en la inclinación muy definida en Cervantes, que le ha sido criticada por algunos, de mencionar, ya que no de definir, la poesía como ciencia, reputándola de ese modo y hasta conceptuando á los poetas como sabios.

A nuestro parecer esto responde á la influencia de un libro, que aun refiriéndose á toda clase de ingenios y de habilidades, no puede menos de tener preferencias definidas por la sabiduría y por la ciencia.

Caliope en su discurso habla de «la maravillosa y jamás como debe alabada ciencia de la poesía» y también de «la alegre ciencia de la poesía».

Terminado su examen poético manifiesta «que no son muchos los espíritus que en la ciencia de la divina poesía, en ella muestran que le tienen levantado».

La mención se repite de muchas maneras en los versos que dice Caliope, y que recogemos para que se juzgue.

Página.	Col.	
81	2.ª	Del sacro Apolo la divina *ciencia*
»	»	Y el *sabio* agudo á veces se deslumbra
82	1.ª	Por mil vías virtuosas y *sabias*
»	»	En las *ciencias* de Apolo se me ofrecen
82	2.ª	En todas *ciencias* y artes tan famoso

Página.	Col.	
83	1.ª	Que es de toda *ciencia* tesorero
»	»	La habilidad, la *ciencia* y los primores
83	2.ª	La *ciencia* seca y la bondad notoria
»	»	Igual á su virtud, valor y *ciencia*
»	»	Hace su habitación ansi la *ciencia*,
84	1.ª	Dirán que en *ciencias* es HERNANDO solo,
»	»	La *ciencia* en quien al sacro lauro aspira
»	»	Del sacro Apolo la más rara *ciencia*
»	»	Que de *ciencias* adorna y enriquece
»	»	Que en nuestro monte en *sabias* aguas crece
»	»	De aquellas *ciencias* que en su pecho cría
»	»	La tiene á *ciencia* y arte reducida
84	2.ª	Tal de mil varias *ciencias* y primores
»	»	Por él la *ciencia* más de Apolo medra
85	1.ª	Varón insigne *sabio* y elocuente
85	2.ª	Vuestra tan singular virtud y *ciencia*
86	1.ª	Por *sabio* conocido y estimado
»	»	En el mar de las *ciencias* buen pasaje
»	»	Tu *sabia* pluma y alta fantasía
87	1.ª	Por *ciencias*, por ingenio y virtud rara
»	»	Tu *ciencia* y tu valor tanto á tus años
»	»	De Febo la sagrada honrosa *ciencia*.

Una vez se dice en estos versos «divina ciencia»; otra «ciencias de Apolo»; otra «Del sacro Apolo la más rara ciencia», otra «De Febo la sagrada honrosa ciencia», «Maravillosa ciencia de la poesía» y «ciencia divina de la poesía», ha dicho antes, y claro se ve que Cervantes se refiere á algún texto del *Examen de Ingenios* en que se habla de esa clase de ciencia.

«La misma sentencia dijo Platón, tratando de los ingenios que habían de estudiar las *ciencias divinas*, que por estar las substancias separadas tan lejos de los sentidos, convenía buscar ingenios muy claros para ellas» (1). «Y así dice que para las *ciencias divinas* son menester mayores ingenios que para las demás, porque no se aprovechan del sentido» (2).

Aún se presta más á la ponderación el siguiente texto: «En las substancias angélicas hallaremos también la misma cuenta y razón; porque para dar Dios á un ángel más grados de gloria y más subidos dones, le da primero más delicada naturaleza; y preguntando á los teólogos de qué vive esta naturaleza tan delicada, dicen que el ángel que tiene más subido entendimiento y mejor natural, se convierte con más facilidad á Dios, y usa del dón con más eficacia, y que lo mismo acontece en los hombres. De aquí se infiere claramente que pues hay elección de ingenios para las *ciencias sobrenaturales*, y que no cualquiera diferencia de habilidades es cómodo instrumento para ellas, que las letras humanas con más razón la pedirán, pues la han de aprender los hombres con las fuerzas del ingenio» (3).

---

(1) *Examen de Ingenios*, pág. 410, col. 2.ª
(2) Ibid, pág. 411, col. 1.ª
(3) Ibid, pág. 405, col. 1.ª

Menciones de la palabra ingenio.—Como el asunto de la obra de Huarte es el ingenio, esta palabra se halla repetida muchas veces, no con prodigalidad, sino de modo necesario.

Como ejemplo de este hecho puede decirse que la palabra ingenio se halla repetida en el proemio de dedicatoria 11 veces; en el proemio al lector, 21; en el capítulo I, 39; en el II, 23; en el III, 28; en el IV, 11; etc., etc.

Buscando esta característica en las obras de Cervantes, sin mentar el *Quijote*, que se distingue por la parquedad en el empleo de la palabra ingenio, resulta la siguiente comparación.

Veces que se emplea la palabra ingenio:

Novelas ejemplares (1).................	30
La *Galatea*, sin los versos de Caliope.. ..	28
Persiles y Segismunda.................	25
Obras dramáticas (2)	53

---

(1) *La gitanilla,* 8; *El amante liberal,* 1; *Rinconete y Cortadillo,* 2; *La española inglesa,* 1; *El Licenciado Vidriera,* 8; *La fuerza de la sangre,* 2; *El celoso extremeño,* 2; *La ilustre fregona,* 1; *El casamiento engañoso,* 4; *La tía fingida,* 1.

(2) Prólogo, 2; Dedicatoria, 1; *Numancia,* 1; *Casa de los celos,* 6; *Trato de ángel,* 1; *El gallardo español,* 1; *El rufián dichoso,* 4; *La gran sultana,* 3; *Pedro de Urdemales,* 15; *La entretenida,* 9; *El laberinto de amor,* 3; en los entremeses (3 en *La elección de alcaldes,* 3 en *El vizcaíno fingido* y 1 en *La guarda cuidadosa),* 7.

Claro está que no se da esta estadística como absolutamente exacta, pues tomados los datos no ha habido tiempo después para una detenida compulsa,

Casi igualan á ese total de 136 empleos de la palabra ingenio en 24 obras de Cervantes, el total de dos, relativamente breves composiciones suyas, que emplean la palabra las siguientes veces:

Versos de Caliope................	71
Viaje al Parnaso.................	54
TOTAL............	125

En la *Adjunta* á ese viaje se emplea la palabra tres veces, que no van incluídas en ese total.

Como los versos de Caliope forman parte integral del libro VI de la *Galatea*, convendrá detallar la estadística en lo que concierne al empleo de la palabra ingenio en esta obra:

Dedicatoria.....................	1
Prólogo........................	4
Libro I........................	3
Libro II.......................	2
Libro III......................	3
Libro IV.......................	6
Libro V........................	1
Libro VI.......................	8
	28
Versos de Caliope en el libro VI..	71

Quiére decir que los versos de Caliope y el *Viaje al Parnaso*, coinciden con el *Examen de Ingenios* en el reiterado uso de la palabra, por ser la primera de las composiciones (los versos de Caliope), patrón del *Viaje al Parnaso,* y por constituir ambas dos acomo· damientos del *Examen de Ingenios* que las inspiró, señalando las diferencias de ingenio en los que parecen dignos de un enterramiento glorioso, ó en los que parecen dignos ó indignos de subir al Parnaso.

Ingenios examinados por Huarte. — Huarte sólo examina ingenios cuando lo pide la jus· tificación de la doctrina que desarrolla. En el capí- tulo XII de su obra, «Donde se prueba que la elo- cuencia y policía en el hablar no puede estar en los hombres de grande entendimiento», alude á «hombre tan sabio como Sócrates, y que no supiese hablar»; á la «causa de la oscuridad y mal estilo de Aristóte- les»; á las obras de Hipócrates, «los hurtos que hace de nombres y verbos, el mal asiento de sus dichos y sentencias, la mala trabazón de sus razones, lo poco que se le ofrece que decir para llenar los vacíos de su doctrina», etc. En el siguiente capítulo, «Donde se prueba que la teoría de la teología pertenece al entendimiento, y el predicar, que es su práctica, á la imaginación», lo que hace es señalar doctrinalmente los caracteres de los teólogos y de los oradores, di- ciendo entre otras cosas que «Cristo Nuestro Reden- tor mandó á San Pablo que no la predicase (su doc- trina) in *sapientia verbi»,* porque no pensasen las gentes que era alguna mentira bien ordenada, como aquellas que los oradores solían persuadir con la fuerza de arte». Sigue en otro capítulo la demostración de que la teoría de las leyes pertenece á la memoria, el abogar y juzgar al entendimiento, y el gobernar á la imaginativa. «La ley, bien mirado, no es otra cosa más que una voluntad racional del legislador.» «Las tijeras del buen abogado es el entendimiento agudo, con el cual toma la medida al caso y le viste la ley que lo determina, y si no la halla entera y que en propios términos lo decida, de remiendos y pedazos del derecho le hace una vestidura con que defenderlo.» «La sentencia del juez no hace demostración de la verdadera justicia, ni se puede llamar suceso, porque su sentencia es también opinión, y no hace más que arrimarse al uno de los abogados.» Sigue en el capítulo inmediato con la teoría y la práctica de la Medicina, refiriéndolas á la memoria, al entendimiento y á la imaginativa, en la parte que les corresponde. En este capítulo trae muy interesantes datos de la clase de ingenio de diferentes pueblos. En el capítulo XVI, de la diferencia de habilidad á que pertenece el arte militar, cita el texto de Vegecio de que «los buenos capitanes no son aquellos que pelean á cureña rasa, y ordenan una batalla campal y rompen á su enemigo, sino los que con ardides y marañas destruyen sin que les cueste un soldado». Precisa las señales «con que se ha de conocer el hombre que tuviese esta diferencia de ingenio». Entre ellas la más llamativa «es ser descuidados en el ornamento de su persona». De Viriato, dice Lucio Floro, «que menospreciaba tanto los aderezos de su persona, que no había soldado particular en todo su ejército que anduviese peor vestido». «De Aníbal nunca acaban de contar los historiadores el descuido que tenía en el vestir y calzar, y cuán poco se daba por andar pulido y aseado.» Sila, según cuenta Tranquilo, «viendo el desaliño que tenía Julio César siendo niño, avisó á los romanos diciendo: *Cavete puerum male præcinctum.* Como si dijera: «guardáos, romanos, de aquel muchacho mal ceñido». En el capítulo siguiente «se declara á qué diferencia de habilidad pertenece el oficio de rey», y se precisa, entre otras, la que distingue á Felipe II. En fin, la obra termina estudiando la manera de ingenio de Cristo, diciendo, entre otras cosas, lo que sigue:

«El cerebro de Cristo, nuestro Redentor, siendo niño y recién nacido, tenía mucha humedad, porque en tal edad es así conveniente y cosa natural; pero por ser tanta en cantidad, no podía su alma racional discurrir naturalmente ni filosofar con tal instrumento. Y así la ciencia infusa no pasaba á la memoria corporal ni á la imaginativa ni al entendimiento, por ser éstas tres potencias orgánicas, como ya lo hemos probado, y no estar con la perfección que ha-

bían de tener. Pero yéndose el cerebro desecando
con el tiempo y con la mayor edad, iba el ánima racional manifestando cada día más la sabiduría infusa
que tenía y comunicándola á sus potencias corporales. Y fuera de esta ciencia sobrenatural, tenía otra
que se toma de las cosas que oyen los niños, de lo
que ven, de lo que huelen, gustan y palpan, y esto
es cierto, lo adquiriría Cristo, nuestro Redentor, como
los otros hijos de los hombres (1). Y así como para
ver bien las cosas tenía necesidad de buenos ojos, y
para oir los sonidos de buenos oídos, por la misma
razón tenía necesidad de buen cerebro para juzgar
entre lo bueno y lo malo.»

Ingenios examinados por Caliope.—Da-
remos la lista, sacada de la mención de sus versos
y por el mismo orden en que se mencionan:

D. Alonso de Leiva.—Ercilla.—D. Juan de Sil-
va.—D. Diego Osorio.—D. Francisco Mendoza.—
D. Diego de Sarmiento y Carvajal.—D. Gutierre de
Carvajal.—D. Luis de Vargas.—Dr. Campuzano.—
Dr. Suárez.—Dr. Baza.—Licenciado Daza.—Maestro
Garay.—Maestro Córdoba.—Dr. Francisco Díaz.—
Luján.—Juan de Vergara.—Alonso de Morales.—
Licenciado Hernando Maldonado.—Marco Antonio

---

(1) «Santo Tomás pone tercera ciencia en Cristo, y la llama
adquirida con el entendimiento agente.» (m. p., c. x, art. IV,
y q. XII, art. II.)

de la Vega.—Diego de Mendoza.—Diego Durán.—
Lope Maldonado.—Luis de Montalvo.—Pedro de
Liñán.—Alonso de Valdés.—Pedro de Padilla.—
Gaspar Alfonso.—Cristóbal de Mesa.—Pedro de
Ribera.—Benito de Caldera.—Francisco de Guz-
mán.—El Capitán Salcedo.—Tomás de Gracian.—
Baptista de Vivar.—Baltasar de Toledo.—Lope de
Vega.—Pacheco.—Hernando Herrera.—Fernando
de Cangas.—D. Cristóbal de Villaroel.—Maestro
Francisco de Medina.—Baltasar de Alcázar.—Li-
cenciado Mosquera.—Domingo de Becerra.—Espi-
nel.—Carranza—Lázaro Luis Iranzo.—Baltasar de
Escobar.—Juan Sanz de Zumeta.—Juan de las Cuevas.—Bidaldo de Adán.—D. Juan Aguayo.—Juan
Gutiérrez Rufo.—D. Luis de Góngora.—Gonzalo
Cervantes Saavedra.—Gonzalo Gómez.—Gonzalo
Mateo Berrio.—Soto Barahona.—Francisco de Te-
rrazas.—Diego Martínez de Ribera.—Alonso Pica-
do.—Alonso de Estrada.—D. Juan de Avalos y de
Ribera.—Sancho de Ribera.—Pedro de Montesdo-
ca.—Diego de Aguilar.—Gonzalo Fernández.—En-
rique Garcés.—Fernández de Pineda.—Juan de Mes-
tanza.—Baltasar de Orena.—D. Pedro de Alvara-
do.—Bairasco—Licenciado Damián Vega.—Francisco Sánchez.—Francisco de las Cuevas.—Fray
Luis de León.—Matías de Zúñiga.—Damasio de
Frias.—Andrés Sanz de Portillo.—Dr. Soria.—
Cantoral.—Jerónimo Vaca y de Quiñones.—Luper-

cio Leonardo de Argensola.—Bartolomé Leonardo
de Argensola.—Cosme Pariente.—Morillo.—D. Juan
Coloma.—Luis Garcerán.—D. Alonso Rebolledo.—
Dr. Falcón.—Micer Rey Artieda.—Gil Polo.—Cristóbal de Virués.—Silvestre de Espinosa.—García
Romero.—Fray Pedro de Huete.—Laínez.—Figue-
roa.—Total: 110.

Muchos ingenios son, ciertamente, y á la mayo-
ría no les ha tocado, como les deseara Caliope, el
enterramiento de la inmortalidad.

De todos, cuando los examina la Musa, se dicen
sus particulares circunstancias y excelencias, y esta
conmemoración, aunque se debe á lo bien informado
que Cervantes se hallaba acerca de los poetas de su
época, y á otros fines que con ello pudiera perseguir,
obedece, como con precisión se ha demostrado, á un
particular influjo imitativo del *Examen de Ingenios*
del Dr. Juan Huarte de San Juan.

V.

El origen de un simbolismo dramático en Persiles y Segismunda.

Un experimento novelesco.— A los peregrinos Periandro y Auristela, y á su acompañamiento, durante su tránsito por Francia, en dirección á Roma, que es el fin y objeto de su viaje, les ocurre lo siguiente:

«En esto estaban, cuando llegó Bartolomé, y dijo: señores, acudid á ver la más extraña visión que habéis visto en vuestra vida; dijo esto tan asustado y tan como espantado, que pensando ir á ver alguna maravilla extraña, le siguieron y en un apartamiento algo desviado de aquel donde estaban alojados los peregrinos y damas, vieron por entre unas esteras un aposento todo encubierto de luto, cuya lóbrega escuridad no les dejó ver particularmente lo que en él había, y estándole así mirando, llegó un hombre anciano todo asimismo cubierto de luto, el cual les dijo: señores, de aquí á dos horas que habrá entrado una de la noche, si gustáis de ver á la señora Ru-

perta sin que ella os vea, yo haré que la veais, cuya
vista os dará ocasión de que os admiréis, así de su
condición como de su hermosura. Señor, respondió
Periandro, este nuestro criado que aquí está nos con-
vidó á que viniésemos á ver una maravilla, y hasta
ahora no hemos visto otra que la deste aposento cubierto de luto, que no es maravilla ninguna. Si vol-
véis á la hora que digo, respondió el enlutado, tendréis de qué maravillaros, porque habréis de saber
que en este aposento se aloja la señora Ruperta,
mujer que fué apenas hace un año del conde Lamberto de Escocia, cuyo matrimonio á él le costó la
vida, y á ella verse en términos de perderla á cada
paso, á causa que Claudino Rubicón, caballero de los
principales de Escocia, á quien las riquezas y el li-
naje hicieron soberbio y la condición algo enamorado, quiso bien á mi señora, siendo doncella, de la
cual, si no fué aborrecido, á lo menos fué desdeñado,
como lo mostró el casarse con el conde mi señor; esta
presta resolución de mi señora la bautizó Rubicón
en deshonra y menosprecio suyo, como si la hermosa
Ruperta no hubiera tenido padres que se lo manda-
ran y obligaciones precisas que le obligaran á ello,
junto con ser más acertado ajustarse á las edades
entre los que se casan, que si puede ser, siempre los
años del esposo con el número de diez han de llevar
la ventaja á los de la mujer, ó con algunos más, porque la vejez los alcance en un mismo tiempo.

Era Rubicón varón viudo y que tenía un hijo de casi veinte y un años, *gentilhombre en extremo* y de mejores condiciones que el padre, *tanto que si él se hubiera opuesto á la cátedra de mi señora, hoy viviera mi señor el conde, y mi señora estuviera más alegre;* sucedió, pues, que yendo mi señora Ruperta á holgarse con su esposo á una villa suya, acaso y sin pensar, en un despoblado encontramos á Rubicón con muchos criados suyos que le acompañaban. *Vió á mi señora, y su vista despertó el agravio* que á su parecer se le había hecho, y fué de suerte, *que en lugar del amor nació la ira, y de la ira el deseo de hacer pesar á mi señora, y como las venganzas de los que bien se han querido sobrepujan á las ofensas hechas,* Rubicón despechado, impaciente y atrevido, desenvainando la espada, corrió al conde mi señor, que estaba inocente deste caso, sin que tuviese lugar de prevenirse del daño que no temía y envainándosela en el pecho, dijo: tú me pagarás lo que me debes, y si ésta es crueldad, mayor la usó tu esposa para conmigo, pues no una vez sola, sino cien mil me quitan la vida sus desdenes. A todo esto me hallé yo presente; oí las palabras y vi con mis ojos y tenté con las manos la herida, escuché los llantos de mi señora, que penetraron los cielos: volvimos á dar sepultura al conde, y al enterrarle, *por orden de mi señora se le cortó la cabeza, que en pocos días con cosas que se le aplicaron, quedó descarnada y en solamente los huesos;*

*mandóla mi señora poner en una caja de plata, sobre
la cual puestas sus manos, hizo este juramento:* pero
olvídaseme por decir, cómo el cruel Rubicón, ó ya
por menosprecio, ó ya por más crueldad, ó quizá con
la turbación descuidado, *se dejó la espada envainada
en el pecho de mi señor, cuya sangre, aun hasta agora
muestra estar casi reciente en ella:* digo pues, que dijo
estas palabras: yo la desdichada Ruperta, á quien
han dado los cielos solo nombre de hermosa, hago
juramento al cielo, puestas las manos sobre estas
dolorosas reliquias, de vengar la muerte de mi esposo con mi poder y con mi industria, si bien aventu-
rase en ello una y mil veces esta miserable vida que
tengo, sin que me espanten trabajos, sin que me fal-
ten ruegos hechos á quien pueda favorecerme; y en
tanto que no llegare á efecto este mi juicio, si no
cristiano deseo, juro que mi vestido será negro, mis
aposentos lóbregos, mis manteles tristes y mi compañía la misma soledad: *á la mesa estarán presentes
estas reliquias, que me atormenten el alma, esta cabeza
que me diga sin lengua que vengue su agravio, esta espada cuya no enjuta sangre me parece que veo, y la que
alterando la mía, no me deje sosegar hasta vengarme.*
Esto dicho, parece que templó sus continuas lágrimas, y dió algún vado á sus dolientes suspiros; háse
puesto en camino de Roma, para pedir en Italia á
sus príncipes favor y ayuda contra el matador de su
esposo, que aun todavía la amenaza, quizá temeroso

que suele ofender un mosquito más de lo que puede favorecer un águila. Esto, señores, veréis como he dicho de aquí á dos horas: y si no os dejare admirados, ó yo no habré sabido contarlo, ó vosotros tendréis el corazón de mármol: aquí dió fin á su plática el enlutado escudero, y los peregrinos, sin ver á Ruperta, desde luego se comenzaron á admirar del caso» (1).

Dirá el que haya leído, y con la costumbre de este género de lecturas, que en lo narrado no hay experimento alguno; que este es un cuento, como cualquier otro cuento, y una aventura como cualquiera otra aventura; que todo se reduce á un conde soberbio, enamorado y desdeñado —que tal vez se llama simbólicamente Rubicón, porque no vacila en acometer coléricamente sus venganzas, si no es por su *rubicunda* personalidad escocesa —, á otro conde que, sin comerlo ni beberlo, pasa el Rubicón de ésta á la otra vida, por la divisoria de la espada de su adversario, «envainándosela en el pecho», y á una condesa que enviuda de ese modo y que en su juramento procede como un caballero andante.

Pues hay experimento. Supongamos que un filósofo natural, como lo era Huarte, y como se llamaban entonces, formulase una teoría psico-fisiológica, y para justificarla, es decir, para cambiarla de teo-

---

(1) Loc. cit., pág. 565, col. 1.ª

ría en hecho comprobado, preparase una experimentación comprobatoria. En ello tendría muchas más dificultades que si un novelista se propusiera convertir una teoría en acción, disponiendo ésta muy á su gusto y conforme á lo que en la teoría se dijese.

Pues esto último es lo que hizo Cervantes, sirviéndose de una teoría psico-fisiológica de Huarte, de aspecto muy experimental.

Y al afirmarlo así, no incurrimos en ninguna temeraria conjetura, pues el mismo Cervantes al llegar á hacer el experimento, formula la teoría antes de desenvolver la acción.

Hasta parece que en la manera de preparar el asunto, hay algo como de anuncio llamativo para que Periandro y Auristela y su acompañamiento acudan al laboratorio « todo cubierto de luto », para ver á la precisa hora en que ha de ocurrir, la prueba experimental.

— «Señores — dice Bartolomé — acudid á ver la más extraña visión que habréis visto en vuestra vida.»

—«Esto, señores — dice el «hombre anciano todo asimismo cubierto de luto»—, veréis, como he dicho de aquí á dos horas: y si no os dejase admirados, ó yo no habré sabido contarlo, ó vosotros tendréis el corazón de mármol. »

Lo que han de ver, dicho en enumerados experimentales, es lo siguiente:

1.º A la señora Ruperta «cuya vista os dará ocasión de que os admiréis, así de su condición como de su hermosura».

2.º Las «dolorosas reliquias»: el cráneo del conde Lamberto, la camisa que llevaba puesta y la espada asesina y con moho de la sangre inocente derramada con alevosía por el conde Claudino Rubicón.

3.º El efecto que las reliquias vuelven á producir en Ruperta, enteramente análogo al del juramento que hace, y mantenedor de sus propósitos vengadores.

4.º La resolución ejecutiva de Ruperta, cuando sabe que acaba de llegar Croriano, el hijo del conde matador, que se ha ido á dormir y que lo puede sorprender, quitándole presta é impunemente la vida.

La teoría experimental comparada.— Antes de seguir la relación del caso que ha de admirar, conforme lo promete el hombre anciano cubierto de luto, y como preparación para que se comprenda el significado de lo que ha de suceder, Cervantes expone la teoría en que se funda, y empieza por decir:

«La ira, *según se dice,* es una revolución de la sangre que está cerca del corazón, la cual se altera en el pecho con la vista del objeto que agravia y tal vez con la memoria: tiene por último fin y paradero suyo la venganza, que como la tome el agraviado, sin razón ó con ella, sosiega.»

Y añade, para que no se dude de que se trata de un caso experimental, de un experimento novelesco: «esto nos lo dará á entender la hermosa Ruperta agraviada y airada».

El *según se dice*, aunque parece aludir á una opinión corriente, á una observación general, á cosa de todos sabida, se refiere al doctor Juan Huarte, que es quien lo dice, y, sobre todo, quien se lo dijo y se lo enseñó á Cervantes en una de las frecuentes lecturas del *Examen de Ingenios*, al que tenía una afición bien comprobada.

Confrontemos, para probarlo, una y otra teoría:

TEORÍA DE HUARTE

«Conócese claramente ser este su uso, considerando los movimientos de la imaginativa y lo que sucede después en la obra, porque si el hombre se pone á imaginar en alguna afrenta que le han hecho, luego acude la sangre arterial al corazón y despierta la irascible y le da calor y fuerzas para vengarse» (1).

TEORÍA DE CERVANTES

«La ira, según se dice, es una revolución de la sangre que está cerca del corazón, la cual se altera en el pecho con la vista del objeto que agravia y tal vez con la memoria: tiene como último fin y paradero suyo la venganza» (2).

---

(1) Loc. cit., pág. 428, col. 1.ª
(2) Loc. cit., pág. 566, col. 1.ª

No se necesita comprobar particularmente los diferentes términos, porque el caso es de toda evidencia; pero, no obstante, para que más se precise, compararemos los tres términos que se señalan en una y otra proposición.

TEORÍA DE CERVANTES	TEORÍA DE HUARTE
«La ira, según se dice, es una revolución de la sangre que está cerca del corazón.....»	«.....luego acude la sangre arterial al corazón y despierta la irascible.....»
«la cual se altera en el pecho con la vista del objeto que agravia y tal vez con la memoria.....»	«Conócese claramente ser este su uso, considerando los movimientos de la imaginativa y lo que sucede después en la obra, porque si el hombre se pone á imaginar en alguna ofrenta que le han hecho.....»
«Tiene como último fin y paradero suyo la venganza..... (1)	«..... y le da calor y fuerzas para vengarse.»

Para que pueda valorarse todo el alcance del influjo de la doctrina del autor del *Examen de Ingenios*

---

(1) En lo concerniente á la significación de la venganza, también sigue Cervantes á Mateo Alemán. Dice éste en *Guzmán de Alfarache:* «Son las venganzas vida sin sosiego, unas llaman á las otras y todas á la muerte.» (Loc. cit. pág. 200, col. 1.ª). Esto mismo lo diluye Cervantes en el *Persiles:* «porque las venganzas castigan, pero no quitan las culpas; y las que en estos casos se cometen, como la enmienda no proceda de la voluntad, siempre se están en pie, y siempre están vivas en las memorias de las gentes, á lo menos en tanto que vive el agraviado.» (Loc. cit. pág. 552, col 1.ª)

en este episodio del *Persiles y Segismunda*, copiaremos todo el párrafo en que Huarte la expone.

El capítulo VI, en que consta, se titula: «Donde se declara qué parte del cuerpo ha de estar bien templada para que el muchacho tenga habilidad.» Ya al final, en el antepenúltimo párrafo, dice, desenvolviendo una doctrina, lo que á Cervantes le impresionó con la suficiente viveza para traducir la teoría en episodio novelesco, doctrinalmente justificado.

«Otras partes hay en el cuerpo, de cuyo temperamento depende tanto el ingenio como del cerebro, de las cuales diremos en el postrero capítulo de esta obra; pero fuera de ella y del cerebro, hay otra substancia en el cuerpo, de quien se aprovecha el ánima racional en sus obras. Y así pide las tres postreras calidades, como el cerebro, que son cantidad suficiente, delicada substancia y buen temperamento. Estos son los espíritus vitales y sangre arterial, los cuales andan vagando por todo el cuerpo, y están siempre asidos de la imaginación y siguen su contemplación. El oficio de esta substancia espiritual es despertar las potencias del hombre y darles fuerza y vigor para que puedan obrar. Conócese claramente ser éste su uso, considerando los movimientos de la imaginativa y lo que sucede después en la obra, porque si el hombre se pone á imaginar en alguna afrenta que le han hecho, luego acude la sangre arterial al corazón y despierta la irascible y le da calor y fuerzas para vengarse.»

Todavía en el párrafo que sigue continúa el influjo de Huarte en Cervantes, dando lugar á la segunda parte del experimento novelesco, como se dirá cuando lleguemos á ella.

Ruperta en experimentación.—«La ira, según se dice, es una revolución de la sangre que está cerca del corazón, la cual se altera en el pecho con la vista del objeto que agravia y tal vez con la memoria: tiene como último fin y paradero suyo la venganza, que como la tome el agraviado, sin razón ó con ella, sosiega: esto nos lo dará á entender la hermosa Ruperta agraviada y airada, y con tanto deseo de vengarse de su contrario, *que aunque sabía que era ya muerto*, dilataba su cólera por todos sus descendientes, sin querer dejar, si pudiera, vivo ninguno dellos, que la cólera de la mujer no tiene límite: *llegóse la hora de que la fueran á ver los peregrinos, sin que ella los viese, y viéronla* hermosa en todo extremo, con blanquísimas tocas que desde la cabeza casi le llegaban á los pies, *sentada delante de una mesa, sobre la cual tenía la cabeza de su esposo en la caja de plata, la espada con que le habían quitado la vida y una camisa que ella se imaginaba que aún no estaba enjuta de la sangre de su esposo.* Todas estas insignias dolorosas *despertaron su ira,* la cual no te-

nía necesidad que nadie la despertase, porque nunca
dormía: levantóse en pie, y puesta la mano derecha
sobre la cabeza del marido, comenzó á hacer y á re-
validar el voto y juramento que dijo el enlutado escudero; llovían lágrimas de sus ojos, bastantes á bañar
las reliquias de su pasión; arrancaba suspiros del
pecho, que condensaban el aire cerca y lejos; añadía
al ordinario juramento razones que le agravaban, y
tal vez parecía que arrojaba por los ojos, no lágrimas,
sino fuego, y por la boca, no suspiros, sino humo: tan
sujeta la tenía su pasión y el deseo de vengarse.»

No se dirá que la hipérbole no hace todo lo más
extremosa posible la doctrina psico-fisiológica en que
el hecho se funda: los suspiros «*condensaban el aire
cerca y lejos*»; por los ojos arrojaba *fuego;* por la boca
humo.

Más adelante hemos subrayado un concepto, no
para señalar la contradicción que descubre, sino para
indicar nuevamente el propósito experimental de este
episodio. «El hombre anciano» «cubierto de luto»,
díceles á los peregrinos «que Ruperta» háse puesto
en camino de Roma, para pedir en Italia á sus príncipes favor y ayuda contra el matador de su esposo,
que aún todavía la amenaza, quizá temeroso que suele
ofender un mosquito más de lo que puede favorecer
un águila». Pero Cervantes al poner á Ruperta en
experimentación nos dice: «y con tanto deseo de vengarse de su contrario, *que aunque sabía que era ya*

muerto, dilataba su cólera por todos sus descendientes».

Y es que Cervantes tenía más puestos los cinco sentidos en que el experimento resultara en todos sus pormenores y detalles, que en que el hombre anciano estuviese atrasado de noticias, con respecto á las que tenía su señora.

Mejor información tenía el escudero acerca de que Rubicón «tenía un hijo de casi veinte y un años *gentil hombre en extremo* y de mejores condiciones que el padre..... Estas condiciones van á representar un papel importantísimo en el experimento de Ruperta. También esto lo presumía el escudero, añadiéndoles á los peregrinos « tanto que si — el gentil hombre en extremo — se hubiera opuesto á la cátedra de mi señora, hoy viviera mi señor el conde (porque no se hubiera casado Ruperta con él), y mi señora estuviera más alegre» (porque estaría casada con el gentil hombre).

En fin, el gentil hombre entra en acción. Le avisan á Ruperta que Croriano, el hijo de Rubicón, acaba de llegar, deja que se recoja á su aposento y se apercibe á la ejecución de sus vengadores propósitos.

Variación de los movimientos de la imaginativa y nuevo asimiento de los espíritus vitales.—«Estos son los espíritus vitales y sangre arterial—dice Huarte—los cuales andan vagando por todo el cuerpo, y están siempre asidos de la imaginativa y siguen su contemplación.»

Es una doctrina que la moderna psico-fisiología no la puede desdeñar, y que de cierta manera la ha comprobado Mosso con su pletismógrafo.

En el experimento novelesco de Cervantes no hay que enfundar el brazo en el manguito de cristal, ni establecer el depósito de agua, ni el flotador, ni el juego de poleas para que en el cilindro ahumado se registren las gráficas emocionales. Pero Cervantes sigue el orden experimental y pone á Ruperta en ciertas estrecheces que hacen variar la gráfica de sus emociones, cambiando los movimientos de su imaginativa y asentándole los espíritus vitales en otro sitio del que estaban.

«Ea—le dice el autor á Ruperta cuando ya está en el aposento en que Croriano se halla descuidada-mente dormido—bella matadora, dulce enojada, ver-dugo agradable, ejecuta tu ira, satisface tu enojo, borra y quita del mundo tu agravio, que delante tienes en quien puedes hacerlo.»

El experimentador le hace seguidamente una ad-vertencia muy en su lugar y muy dentro de la doc-trina psico-fisiológica motivadora de la acción: «pero mira, ó hermosa Ruperta, si quieres, que no mires á ese hermoso Cupido que vas á descubrir, *que se des-hará en un punto toda la máquina de tus pensamientos.*»

Ruperta, para su bien y el de Croriano, no procedió atendiendo á las científicas previsiones: «llegó, en fin, y temblándole la mano descubrió el rostro de Croriano, que profundamente dormía, y *halló en él la propiedad del escudo de Medusa, que la convirtió en mármol; halló tanta hermosura, que fué bastante á hacerle caer el cuchillo de la mano*, á que se diese lugar la consideración del enorme caso que cometer quería: vió que la belleza de Croriano, como hace el sol á la niebla, ahuyentaba las sombras de la muerte que darle quería, y en un instante no le escogió para víctima del cruel sacrificio, sino para *holocausto santo de su gusto*».

En Croriano se opera la misma reacción, después de enterarse de lo que está ocurriendo.

«Señora, respondió Croriano, mi padre quiso casarse contigo, tú no quisiste, él despechado mató á tu esposo: murióse llevando al otro mundo esta ofensa; yo he quedado como parte tan suya para hacer bien por su alma; *si quieres que te entregue la mía, recíbeme por tu esposo.....*»

Huarte dió motivo á este hecho, como al de la venganza, en párrafos seguidos, con las explicaciones de la filosofía natural, en la siguiente doctrina psico-fisiológica, que le sirvió á Cervantes para hablar á lo poético de «la propiedad del escudo de Medusa».

«Si el hombre está contemplando en alguna mujer hermosa, ó está dando y tomando con la imaginación en el acto venéreo, luego acuden estos espíritus vitales á los miembros genitales y los levantan para la obra.»

De manera que, sin perder un punto 'de aplicación, toda la doctrina de Huarte, trasladada al experimento novelesco, da lugar á una acción que de la doctrina deriva y á la doctrina sigue, sin abandonarla ni una sola vez, lo que demuestra la subordinación del que hace una obra bajo la sugestión constante de quien se la ha inspirado.

Y con esto se acabará de comprender cuánto y cuán avasalladoramente influye en el Príncipe de los ingenios la lectura del *Examen de Ingenios*.

Que esta es nuestra resultante, verdaderamente experimental.

INDUCCION PERTINENTE

Acabamos de ver la patente demostración de cómo una doctrina psico-fisiológica ha servido para caracterizar un episodio novelesco.

Hemos visto anteriormente demostrada por modo indubitable la influencia que en Cervantes ejerce la constante lectura del *Examen de Ingenios*, que no es circunstancial, que es permanente de toda la historia literaria de Cervantes.

En su primer obra, la *Galatea*, el influjo del *Examen de Ingenios* está precisamente señalado y es tan hondo, que determina una variación de estilo y una imitación.

En el *Quijote*, ya no cabrá duda acerca de la significación del calificativo de ingenioso ni de que el tipo de locura está precisamente señalado en la doctrina y en un texto significativo del *Examen de Ingenios*.

En el *Licenciado Vidriera,* tampoco cabrá duda acerca de las impresiones en textos señalados del *Examen de Ingenios* que le dan origen.

En el *Persiles,* ya lo acabamos de demostrar en el episodio de Ruperta y Croriano.

Este orden de pruebas induce á valorar la influencia que en la concepción de la figura del «*Ingenioso Hidalgo*» tuvo el libro de Huarte.

Nosotros hemos señalado los factores de esa concepción en este orden:

1.º El ciclo de la literatura caballeresca; el ciclo degenerativo de la épica, en la lírica y en la novela; el ciclo degenerativo de nuestra decadencia nacional con el delirio de grandezas substituyente del vigor del pueblo, representando ese delirio la adopción tardía de una literatura exótica, como la caballeresca, y la pasión popular por los libros de caballerías, que Cervantes combatió con el *Quijote.*

2.º El ciclo de la literatura picaresca: la degeneración de la épica en la Jácara, la inversión del tipo caballeresco en el matonesco, del caballero andante en el rufián andante.

Nosotros hemos señalado igualmente los caracteres fundamentales de la personalidad literaria de Cervantes, que empieza siendo un apasionado de la métrica, que sigue siendo un apasionado de lo novelesco y dramático, demostrándolo el que desde el *Quijote* saltara al *Persiles,* como si no pudiera prescindir de sus tempranos enamoramientos y de sus más arraigadísimas aficiones.

Esto nos dice, considerada la evolución en el desenvolvimiento literario de la personalidad de Cervantes, que tenemos en él un caso de singular experimentación, por la misma grandeza de su incomparable figura literaria.

Si Cervantes no hubiese sido desviado por los azares de su vida, apartándolo de las tendencias á que resueltamente se inclinaba, reduciéndolo á ser lo que no quiso, puede afirmarse con seguridad, que no hubiera sido lo que es, que no hubiera brillado como brilla, ó que hubiera brillado con muy diferentes reflejos. Porque Cervantes es, tal vez, el caso más evidente y demostrativo del influjo del medio. Desde que abandona la escena, en que seguramente no tuvo gran fortuna, y busca un modo de vivir que las necesidades de la vida se lo imponen; desde que el caballero andante de las armas y de las letras, sufre la caída que lo precipita, perdiendo el ideal, en los bajos reales de un oficio menudo, sin consideraciones y con impertinencias á diario; desde que se sumerge, al descender, en el ambiente picaresco en que vivió, que es lo mismo que decir en el ambiente nacional, donde tomó cuerpo nuestra literatura más nacional y más gloriosa en lo que concierne á la novela, y la que más poderosamente ha influído en el mundo literario; desde ese momento, el cambio que se opera en la personalidad de Cervantes, varía sus orientaciones y con ello su significación en las le·tras.

La primitiva personalidad literaria de Cervantes no se pierde; si se hubiera perdido no hubiese hecho la obra inmortal que le da fama. La personalidad literaria de Cervantes tal y como se significa en su primera época y en su primer estilo y tal y como después vuelve á retoñar, es el árbol con sus raíces, tronco y ramas. Lo que adquiere en el transcurso de su vida á que aludimos, es el ingerto, y esto se puede decir sin violencia ahora que tan frecuentemente se viene hablando de la planta humana, atendiendo á la consideración de que el hombre, como las plantas se caracteriza por sus obras, por los frutos que da.

Los nuevos frutos de Cervantes obedecen al *ingerto picaresco* que es un ingerto nacional significado en costumbres, en modos literarios populares y en modos literarios de una literatura definida y prestigiosa. Sin ese ingerto, á la gran obra de Cervantes le faltaría la condicionalidad variadora del sabor de sus frutos y también del aspecto exterior de los mismos.

El ingerto no se opera de una vez, y no es necesario justificar esta afirmativa cuando consta el mucho tiempo que transcurre. Se opera lentamente, y no por eso ha de dejar de sorprender la maravilla de la transformación, ni ha de desperdiciarse la enseñanza. El error de los educadores tal vez consista en pretender lo que los fotógrafos han llegado á conseguir: la instantánea. En la vida son muy excepcionales tales fulguraciones: la vida, para que lo exterior influya interiormente, requiere la condicionalidad de otro proceder fotográfico: la larga exposición.

A modo fotográfico viene á definir Huarte semejantes efectos. «Impuesta, pues, esta doctrina, es ahora de saber que las artes y ciencias que aprenden los hombres son unas imágenes y figuras que los ingenios engendraron dentro de su memoria, las cuales representan al vivo la natural compostura que tiene el sujeto cuya es la ciencia que el hombre quiere aprender: como la medicina no fué más en el entendimiento de Hipócrates y Galeno que un dibujo que contrahace al natural la compostura verdadera del hombre, con sus causas y achaques de enfermar y sanar. Y la jurisprudencia es otra figura, donde está representada la verdadera forma de la justicia con que se guarda y conserva la policía humana, y viven los hombres en paz. Por donde es cierto que si el que aprende oyendo la doctrina del buen maestro no pudiese pintar en su memoria otra figura tal y tan buena como es la que le van diciendo, que sin duda es estéril y que no se puede empreñar ni parir sino con disparates y monstruos.» (1).

_____

(1) Ibid, pág. 410, col. 1.ª

Buen maestro, no lo es tan sólo el que tan buen nombre merece, sino todo aquello que enseña, aunque no hable con palabras. Huarte lo dice de igual modo. "El filósofo natural que piensa ser una proposición verdadera, porque la dijo Aristóteles, sin buscar otra razón, no tiene ingenio, porque la verdad no está en la boca del que afirma, sino en la cosa de que se trata, la cual está dando voces y grita enseñando al hombre el ser que naturaleza le dió y el fin para que fué ordenada„ (1).

Para comprender en qué condiciones acertó Cervantes á escuchar las voces y gritos de las enseñanzas que le aclararon la vista y le fecundaron el ingenio, hay que reconocer en él dos caracteres muy evidentes en las manifestaciones de su psico-fisiología. Cervantes es un devorador ansioso; leía hasta los papeles que se encontraba en el suelo. Cervantes se distingue al propio tiempo por la docilidad; por lo que se ha llamado la larga paciencia; por lo que fotográficamente se dice la larga exposición.

Rectificando Huarte un concepto antecedente de la docilidad, se conforma luego con una opinión más justa. "Verdad es—dice—que bien considerada aquella partícula *docilitas*, hallaremos que dijo bien Cicerón, porque la prudencia y sabiduría, y la verdad que contienen las ciencias—dice Aristóteles—está sem-

_____

(1) Ibid.

brada en las cosas naturales, y en ellas se ha de buscar y hallar como en un verdadero original„ (1).

La docilidad es lo que en psicología se dice la atención, y la atención no es otra cosa que la verdadera modalidad nutritiva de la mente, porque estando atentos, nos ponemos en condiciones de recepción y de asimilación absolutamente necesarias para la transformación y la concepción.

Estas condiciones se dan en Cervantes poderosamente, descubriéndolo él mismo en aquella indicación referente á su ansiosa curiosidad literaria y revelándolo también en un concepto extremoso que tiene de la curiosidad y que varía la conceptuación de la pasión celosa (2). Si la docilidad de que es un hecho la mansedumbre de su vida entera ante la fuerza avasalladora del destino, su modestia resignada, su conformación con lo que le toca en suerte, todo perfectamente comprobado y definidor de su carácter y su historia, es un índice para suponer esa misma disposición en sus acomodos mentales, sin duda alguna debemos suponer á Cervantes siempre propicio á dejarse impresionar por los variados reflejos de la realidad y de lo conocido, integrando en su cerebro

---

(1) Ibid.

(2) Dice en el libro III de la *Galatea*: «porque no son los celos señales de mucho amor, sino de mucha curiosidad impertinente.» (Loc. cit., pág. 44, col. 1.ª) Aquí está el origen de la novela incluída en el *Quijote*.

un gran acumulo de imágenes é ideas, lo que revela
en su órgano mental una potencia acumuladora de
primera magnitud.

Lo ha probado muy cumplidamente la especiali-
zación de las investigaciones de los cervantistas ten-
dentes á demostrar en Cervantes un sinnúmero de
conocimientos especializados, y lo que resulta con evidencia es un cúmulo de variadas impresiones en una
mentalidad expuesta durante largo tiempo á recibir-
las; y esa larga exposición descubre á la vez que la
genialidad de Cervantes es de aquellas que necesi·
tan gastar mucho tiempo en echar profundas raíces,
porque sólo andando el tiempo, y con el transcurso
de años y años, vino «á caer en cosas. que otras no
pudo alcanzar ni saber», como hace el hombre muy
gran letrado y muy observador.

A partir del *ingerto picaresco*, las impresiones
de Cervantes correspondientes á la serie caballeresca, sufren una desviación y se transmutan. Podría
decirse que Cervantes, sin perder su pasión por lo
épico, lo ve invertido y experimenta un cambio de
consideración, y este cambio altera el reflejo de sus
primeras impresiones. Aún más exacto es el decir que
Cervantes varía de actitud en sus contemplaciones
literarias y que ve en ridículo sus mismas devocio-
nes. Esta actitud es exactamente la de la picaresca,
que se distingue por un gran sentido crítico. En las
formas literarias de exagerada propensión estética,

cualquiera que sea la belleza que se conciba y que
se pretenda evidenciar, lo característico es la revelación de las perfecciones y la ocultación de los defectos. Por el contrario, en las formas literarias de exagerada propensión crítica, lo característico es la revelación de los defectos, dejando la consideración de
las perfecciones en lo más lejano de la perspectiva.

Cervantes, que en su manera primitiva y después
retoñada, tiene más de una vez acentuada inclinación
á la hipérbole, cuando es compensado en esta manera de ser por el ingerto literario que sufre, no se distingue por la exageración, sino por la templanza. En
todo lo que el *Quijote* tiene de influjo picaresco, que
*es bastante, lo tiene con una muy discreta atenua-
ción*, y así como dice Menéndez y Pelayo (1) que en
la época de nuestras aventuras internacionales en
nuestros soldados era imposible distinguir el caballero del pícaro, trayendo esta conceptuación á Cervantes que sintió la caballerosidad como el que más, y
que experimentó después el influjo de la picardía,
puede decirse de él y de su estilo que es caballero

_____

(1) «Por todos los campos de batalla de Europa iba derraman-
do su sangre una población aventurera en que apenas había término medio entre el caballero y el pícaro, y en que á veces an-
daban juntas las dos cosas; una población sin clase media propiamente dicha, y sin aristocracia con representación é influjo en el
Estado. (Menéndez y Pelayo. *Calderón y su teatro.*—En la *Colección de escritores castellanos,* tercera edición, pág. 63, Madrid, 1884).»

antes que todo, y que á lo picaresco, aún aceptándolo é imponiéndosele como se le impuso, le transmite su nobleza y señorío.

La desviación picaresca no bastaba para que en la mente de Cervantes se engendrara y pudiera salir á luz una figura representativa de dos elementos como lo es la del *Ingenioso Hidalgo*, porque de la inversión de la picardía hacia la caballerosidad ó de la caballerosidad á la picardía podría salir el "Hidalgo apicarado„ ó el "Pícaro caballero„, ó la anulación de lo uno ó de lo otro imponiéndose lo más fuerte y venciéndose la más débil resistencia. Como lo ocurrido fué un caso de fusión, tenía que hacerse en virtud de un elemento fusionador que lo asimilase todo y al propio tiempo lo pudiera desintegrar, quedando cada representación con lo que le pertenecía, y esto no se consigue sino al intervenir influyentemente el *Examen de Ingenios* con una fórmula psicológica que señala las jurisdicciones del entendimiento y de la imaginativa y las perturbaciones que pueden experimentar, dando con esto, no solamente la definición de un tipo de loco y de una forma de locura, sino el patrón primordial de toda una obra con sus dos elementos constituyentes.

He aquí por qué consideramos que la obra de Huarte influye poderosamente en la definitiva formación de "El *Ingenioso* Hidalgo Don Quijote de la Mancha„; y demostración de esta influencia es el calificativo de *ingenioso* que descubre lo íntimamente que Cervantes conocía esa obra, y que descubre algo más, porque ese calificativo viene á constituir una dedicatoria del autor al inspirador.

Por si se dudara de esa influencia, hemos señalado otros casos en que la doctrina de Huarte es siempre el núcleo de una concepción novelesca á esa doctrina fielmente supeditada. ¿Por qué no ha de ocurrir en el *Quijote* lo mismo con más ámplia extensión de la que nosotros hemos señalado? A esa demostración se hubiera ido de no proceder con la premura á que nos obligaba la urgencia de este estudio.

Cervantes se supedita á Huarte en una parte de la *Galatea*, en una de las novelas ejemplares, en un episodio del *Persiles*. ¿Qué de extraño tiene que se supeditara de igual manera en lo esencial de la concepción de su gran obra? Porque, en efecto, sin lo que á Huarte se le puede atribuir, que es la definición del tipo de loco, con su forma de locura y sus particulares tendencias, la obra ni podría ser ni hubiera sido.

La eficacia del *Examen de Ingenios* se demuestra ahora que ya puede decirse que se le debe la concepción del libro más grande y de la figura más original de todas las literaturas.

Por lo tanto, no es en modo alguno ponderativo el proclamar que el Dr. Juan Huarte fué el gran inspirador de Miguel de Cervantes Saavedra,

FINAL.

La averiguación que nos propusimos hacer, referente tan sólo á lo que significaba un calificativo, ha
tenido mucho mayor alcance, lo que no quiere decir,
ciertamente, que se haya dado cima al asunto.

Esto no es más que el comienzo. La senda queda
señalada, pero es indispensable una exploración más
intensiva. De primera intención se podría ampliar
bastante el influjo del *Examen de Ingenios* en el autor
del *Ingenioso Hidalgo*. Sin ir más lejos, es evidente
en algunos textos del *Persiles*, como cuando dice:
"posible cosa es que un oficial sea poeta, porque la
poesía no está en las manos, sino en el entendimiento, y tan capaz es el alma del sastre, para ser poeta,
como la de un maese de campo, porque las almas todas son iguales y de una misma masa en sus principios, criadas y formadas por su hacedor, y según la
caja, y temperamento del cuerpo, donde las encierra,
así parecen ellas más ó menos discretas, y atienden

y se aficionan á saber las ciencias, artes ó habilidades á que las estrellas más las inclinan„ (1). Del discurso de Lenio no hemos tomado más que algún
fragmento para la demostración, pero se debiera copiar en una buena parte, lo mismo que el de Tirsi,
para ver lo profundo del influjo, comparándolo, sobre
todo, con la manera de lo restante de la obra.

Y no se debe concretar á sólo esto el detalle, ni
tampoco se debe limitar la investigación á las obras
que quedan examinadas (2).

Mateo Alemán también conocía la obra del doctor insigne, y para comprobar esta afirmativa, debe
ser objeto de especiales indagaciones. Podemos ade-
lantar una coincidencia. "Era mozo al fin, y como la

---

(1) Loc. cit., pág. 507, col. 2.ª

(2) La obra de Alarcón *El examen de maridos*, también parece un transporte escénico de la obra de Huarte, aunque *no
haya ninguna alusión á su doctrina.

Indicación comprobatoria de esto, es lo que dice el Marqués en
la escena V, del acto 3.º:

> « ¿Los ingenios intentais
> Examinarnos ? »

Al abrir Inés el testamento de su padre, sólo encuentra la
siguiente recomendación: « *Antes que te cases, mira lo que
haces.*»

Inés, entiende el consejo en esta forma:

> « Que elegir esposo quiero
> Con tan atentos sentidos
> Y con tan curioso examen
> De sus partes, que me llamen
> *El examen de maridos.*»

vejez es fría y seca, la mocedad es muy su contraria, caliente y húmeda. La juventud tiene·la fuerza, y la senectud la prudencia; todo está repartido, á cada cosa su necesario„ (1).

Y así como Huarte da las reglas para examinar ingenios, y señala las diferencias y maneras de ingenio, sentando la doctrina que á todo esto corresponde, Mateo Alemán en las *Aventuras y vida de Guzmán de Alfarache*, y expresamente en la parte II, libro·II, capítulo III, examina el engaño y señala las

---

Ochavo, en la escena IV, lo confirma de este modo:

> «Con esto, en un blanco libro,
> *Cuyo título es Examen*
> *De maridos,* va poniendo
> La hacienda, las calidades,
> Las costumbres, los defectos
> Y excelencias personales
> De todos sus pretendientes.»

(Acto 1.º, escena II.)

(1) Así enumera Huarte las alteraciones de las edades: «La puericia, caliente y húmeda; la adolescencia, templada; la juventud, caliente y seca; la consistencia, templada en calor y frialdad, y destemplada por sequedad; la vejez, fría y seca.» (Loc. cit. página 420, col. 2.ª)

Los efectos de las calidades de la vejez se indican en muchos sitios, hasta refiriéndose á la influencia de los gérmenes. «Los niños que se engendran de simiente fría y seca (como son los hijos habidos en la vejez), á muy pocos días y meses después de nacidos comienzan á discurrir y filosofar.» (Ibíd, pág. 432, col. 2.ª)

Respecto á lo que dice Mateo Alemán de que en la vejez está la prudencia, el texto comparativo de Huarte es bien concreto. «Pero con ser el alma racional la misma que fué en la puericia, adolescencia y juventud, consistencia y vejez, sin haber recibido ninguna alteración que le debilitase sus potencias, venida á esta

diferencias y maneras de engaño y sienta la doctrina que corresponde á esta adaptación.

"Son tan parecidos el engaño y la mentira, que
no sé quién sepa ó pueda diferenciarlos; porque aunque diferentes en el nombre, son de una entidad,
conformes en el hecho; supuesto que no hay mentira
sin engaño, ni engaño sin mentira. Quien quiere
mentir, engaña; y el que quiere engañar, miente.
Mas como ya están recebidos en diferentes propósitos, iré con el uso, y digo conforme á él, que tal es el
engaño, respecto de la verdad, como lo cierto en

última edad, y con este temperamento frío y seco, es *prudentí-
sima.....*» (Ibid, pág. 424, col. 2.ª)

Lo de que «la juventud tiene la fuerza» conduce en otro sitio
de su obra á Mateo Alemán á valorarlo con un simil. «El ímpetu
de la juventud es tanto, que podemos verdaderamente compararlo
con el rayo, pues nunca se anima contra cosas frágiles, mansas y
domésticas, antes de ordinario aspira siempre y acomete á las mayores dificultades y sinrazones. No guarda ley, ni perdona vicio:
es caballo que parte de carrera, sin temer el camino ni advertir
en el paradero. Siempre sigue al furor, y como bestia mal doma-
da, no se deja ensillar de razón y alborótase sin ella, no sufriendo
ni aun la muy ligera carga.» (Ibid, pág. 275, col. 1.ª)

Así trata Huarte el mismo asunto. «La tercera edad es la juventud, que se cuenta desde 25 años a 35; su temperamento es caliente y seco, del cual dijo Hipócrates: *Cum aqua superatur ab
igne sit anima insana, et furiosa*. Y así lo muestra la experiencia, porque *no hay maldad de que no esté tentado el hombre en
esta edad*: ira, gula, lujuria, soberbia, homicidios, adulterios, ro-
bos, temeridades, rapiña, audacia, enemistad, engaños, mentiras,
bandos, disensiones, venganza, odios, injuria y proterbia.....» «Y
es tan malo el hombre en ésta, que dijo Salomón: *Tria sunt dif-
filia mihi et quartum penitus ignoro; viam aquilæ in cælo,
viam colubri super petram, viam navis in medio mari, et viam
viri in adolescencia.*» (Ibid, pág. 424, col. 2.ª)

orden á la mentira, ó como la sombra del espejo y lo
natural que lo representa, está tan dispuesto y es
tan fácil para efectuar cualquier grave daño, cuanto
es difícil de ser á los principios conocido; por ser tan
semejante al bien, que representando su misma figura, movimientos y talle, destruye con grande facilidad. Es una red sutilísima, en cuya comparación fué
hecha de maromas, la que fingen los poetas que fa-
bricó Vulcano contra el adúltero„ (1).

Y sigue examinando engaños enumerativamente
y por su orden, é ilustrándolos con ejemplos. "Toda
cosa engaña, y todos engañamos en una de cuatro
maneras„ (2), y las expone una por una. "La tercera
manera de engaño—dice á imitación de Huarte en
las maneras de ingenio—es, cuando son sin perjui-
cio, que ni engañan á otro con ellos, ni lo quedan los
que quieren ó tratan de engañar: lo cual es en dos
maneras, ó con obras ó con palabras: palabras, con-
tando cuentos, refiriendo novelas, fábulas y otras
cosas de entretenimiento: y obras, como son las del
juego de manos y otros primores ó tropelías que se
hacen, y son sin algún daño ni perjuicio„ (3).

Esto es lo que se propone toda investigación positiva: evitar el engaño y procurar que no vivamos
engañados.

---

(1) Loc. cit., pág. 269, col. 1.ª
(2) Ibib, col. 2.ª
(3) Ibid, pág. 270, col. 1.ª

Este es el espíritu de la ciencia, y de ese espíritu tenía Cervantes tan altísimo concepto, que dice
por boca de uno de los personajes del *Persiles:* "porque ninguna ciencia, en cuanto á ciencia, engaña: el
engaño está en quien no la sabe,, (1).

(1) Loc. cit., pág. 503, col. 2.ª

INDICE